U0844233

# 工團主義

新青年丛书

黄乔生　张远航　主编

中央编译出版社
CCTP Central Compilation & Translation Press

图书在版编目（CIP）数据

工团主义 / 黄乔生，张远航主编 . -- 北京 : 中央编译出版社，2025.3
（新青年丛书）
ISBN 978-7-5117-4424-1

Ⅰ . ①工… Ⅱ . ①黄… ②张… Ⅲ . ①工团主义 Ⅳ . ① F091.4

中国国家版本馆 CIP 数据核字 (2023) 第 086430 号

工团主义

责任编辑　张　科
责任印制　李　颖
出版发行　中央编译出版社
地　　址　北京市海淀区北四环西路 69 号（100080）
网　　址　www.cctpcm.com
电　　话　（010）55627391（总编室）　（010）55627312（编辑室）
　　　　　（010）55627320（发行部）　（010）55627377（新技术部）
经　　销　全国新华书店
印　　刷　北京盛通印刷股份有限公司
开　　本　797 毫米 ×1094 毫米　1/16
字　　数　52 千字
印　　张　6.75
版　　次　2025 年 3 月第 1 版
印　　次　2025 年 3 月第 1 次印刷
定　　价　1280.00 元（全 8 册）

新浪微博：@ 中央编译出版社　　微　　信：中央编译出版社（ID：cctphome）
淘宝店铺：中央编译出版社直销店（http://shop108367160.taobao.com）（010）55627331

本社常年法律顾问：北京市吴栾赵阎律师事务所律师　闫军　梁勤
凡有印装质量问题，本社负责调换，电话：（010）55627320

新青年叢書第七種

# 工團主義

英國哈列著
李季譯

# 目錄

# 工團主義 (Syndicalism)

英國哈列 (J. H. Harley) 著　李季譯

## 第一章　到工團主義的路 (The Way To Syndicalism)

工團主義是在工聯政府之下，由各工聯的行動去實現一種幸福時代的方法，而他所根據的基本學說，是為工界或第四階級保持正義唯一的法子，在乎工界自己獨立的和强迫的努力奮鬥。

工團主義的界說既是如此，故他出現於世界文明之中，比較上只能在一種很後的時期。在人類史上早前好些時代中，我們對於一般耕作紡績者的生存狀況，幾乎毫無所知。不平等是原始社會中一個顯著的特點。當石器時代之際，那些犬猿一樣的土豪，筋肉既强壯，爪牙又銳利，他們使用嚴刑酷法，統治一般弱小的同胞。到了後來，一班神秘的人物，和行妖術的人，藉保持各種可怖的儀式之力，造成一種鬼怪的特權。無論在什麼地方，總是少數人爲治人者，大多數人爲被治者，故我們在精細考究工團主義之先，對於大多數被治者或第四階級，知道公然聯合，並且敢稱他們的生命爲自己的所有物這種進程中各時期的事實，必須略微懂得一點。

當人類初有歷史的時候，第四階級努力工作，勞苦終身，而他們的事業是湮沒不彰的。他們作工時的工具極不完備。 他們當被暴虐的監工人强迫去建築一個國王的陵寢之時，多因此喪命，恰和朝生暮死的昆蟲一樣。 古代東方各帝國勞働者的呼聲間或也遺傳下來，達於我們的耳邊，下面的苦情話是從馬斯波羅(Maspero)的書中抄下來的；這是三千年以前的事：「我看見一個治工正當着火爐之前作工。 他的兩手非常粗糙，好像鰐魚的皮一樣。在家內有一個織工，他的命運比一般婦女的命運還要更苦些。 他的兩膝和他的肚子成一水平線，他不能呼吸新鮮空氣，如果他有一天沒有做完曾經配定的工作，他就要受羈束，和湖中的荷梗一樣。 直立不能移動。 他只有賄通一班獄卒，才能夠希望重見天日」。 一個人只要領略了這種活現的記述所描寫的種種恐怖，便知道在那個時代要找出一條到工團主義的大路，簡直是不可能的。 在亞西里亞(assyria)的商業帝國中，奴隸可私有一定分量的財產，並可和他們的主人交接，但是在別處地方，一般對敵的酋長互相雄長，互相侵伐，把第四階級當做糞土，任意踐踏，毫不顧惜。

在斯巴達(Sparta)國內，政府當局恐怕奴隸(Helots)的勢力逐漸增加，將預先想像一種工團主義，故於一定的時期之中加以殘殺。 雅典(Athens)的民主主義久已成為許多嚴格的共和主義思想家之理想，然就是在此處地方，還是把多數人陷於奴隸的境遇。 而使少數人享自由的幸福。 柏拉圖(Plato)曾默想一種理想的社會，但他以為人類不是自由的，和平等的，他以為人類好像是由各種不同的金屬造成的——有些人是金子造成的，有些人是銀子造成的，但還有些人是頂劣的金屬造成的。 西色羅(Cicero)做了好些如火如荼的演說詞，可以傳之後世，但是在羅馬龐大的住宅裏面，大多數居民生死於罪惡，擁擠，饑餓，和瘟疫之中，情狀甚為可憐，西氏却不大提及。 暴動和革命的紛亂——近世工團主義者於此將點頭稱許——是第四階級使古代歷史家知道他們的生存狀況唯一的方法。 斯巴達卡斯(Spartacus) 譯者按斯巴達卡斯原是諸列斯(Thrace)人，因率隊遠征，被虜，並被賣於羅馬一個戲角鬥的人爲奴。他力勸各奴隸起兵恢復自由；他們遂於耶穌紀元前七十三年在羅馬發難。 兩年之間，屢敗羅馬軍。 後卒爲羅馬軍所敗，斯氏亦被殺 的叛亂惹起布魯達克(Plutarch)的批評，但是生在斯巴達卡斯以前而備受痛苦，不爲人所知的角鬥者(Gladiators)不知道有多少啊？ 當盧先(Luciam)將他的精神沮喪和秩序紊亂的羣衆帶到斯提克斯(Styx)河之際，他看見衆人都哭，無法制止，他只能使一個貧窮的補鞋匠非常安靜。 這個補鞋匠沒有什麼東西恐怕失掉。 等到亞洛薄斯(Atropos)初次的號令一發，他就歡天喜地跳上來了。 麥曲列(Mercury)向他表示一種意思，說他應當出一點眼淚，說幾句悲悼的話(你要知道，這就是從俗，)於是他就盡力說了幾句悲哀的話如下：『唉，我的皮條啊！ 我的舊鞋啊！ 可嘆！ 可嘆！ 我自早朝至晚上，將不致再沒有食物充饑，我在這個的冬季中將不致再沒有鞋穿，沒有豐足的衣服遮蔽身體，當着嚴寒，牙齒亂戰起來！ 唉，可憐啊！ 誰將承襲我的舊鑽子和皮刀呢？』 和古代這個補鞋匠一樣的工人差不多不是與現在工團主義者一同體質的人。

耶穌教興起和發達的時代，是第四階級運動中一個可紀念的時代。 帝斯曼(Deissmann

和洌人的研究已經指出新約全書(New Testament)——除掉希伯來一章以外——是用人民的土話做成的，並且起首信仰這種新宗教的人直接出於貧民的社會中。我們在這部書最早的一封信中——第二次致載薩羅尼亞人書——看見一句話，很足以表示一種工團主義的幸福時代——如果一個人不喜歡作工，他就不應當得食。這部書於世界末日的神話對於人民的權力，也有一種適當的說明。在耶蘇紀元的早年各種協會，盛極一時，這是絲毫不錯的。這椿事還須詳細調查，不能以現在已經知道的爲已足。當時一定有好些工人秘密會的存在，而這些會因和耶蘇教結合，遂使後來的職工會(Craft guilds)和早前的工聯(Trade Unions)之儀式，都帶着宗教的性質。

耶蘇教雖要求『應沒有什麽猶太(Jew)和希臘(Greece)之分，應沒有什麽束縛和自由之別，』然這種新宗教却沒有即刻搖動當時存在的奴隸制。當羅馬帝國衰微的時候，在實際上唯一的大變遷就是，土地問題在經濟史上成爲一個主要的問題，而一班替戰勝者耕種土地的奴隸——有時他們就是眞正的土地所有人——從奴隸(slave)一變而爲田奴(serf)。一般喜歡看司卡特(Scott)的小說之人，當記得他對於撒克遜田奴格慈(guth)之歷史的敍述——格慈的皮製短衣，他的豬皮帶綁着的草鞋，他的暴露出來的頭顱，他的頸上帶着的銅圈，

工團出版

並刻有下面那些字：『格慈是俾阿威爾夫(Beowulph)之子，爲羅截屋德(Rotherwood)的塞德里克(Cedrio)之奴隸。』

在最近一班調查中古奴役的人中，有好些人對於討論田奴的困苦，有一種逐漸減輕的傾向。 凡田奴可以被主人賣給他人，但是主人却不大行使這種特權。 田奴負有貢獻物品的義務，並且在法律上有許多地方成爲一種無能力的人，但是後來的風俗習慣却將此等義務和無能力之事加以嚴格的限制了。 中古的田奴和古代大隊的奴隸互相比較，便顯出第四階級的狀況略微改良了，這是無容懷疑的。 但是如果說中古的田奴自己能夠開始爲拯救自己的運動，那就未免言過其實了。 他們在一處地方出生，就只能棲息於那處地方。 他們負有供給主人所誅求的物品之義務，此等誅求無論如何嚴格爲風俗習慣所限制，然若應用於每樁事上，便繁瑣苛刻，使他們不堪其苦了。 他們若派代表到封建主人那邊去申訴待遇的不良，他們的主人就將那些替同胞訴苦之良民的手足砍斷——當十世紀之末，這樁事眞正發生於諾曼德(Normandg)——以爲報復之計。 法國的如盧小說(Roman de Rou)中有一段有名的敍述，後來遂稱爲千年的馬塞列國歌（The Marseillaise of the year 1000）。當日的田奴曾大聲疾呼道，『把我們從繁瑣的專制之下解放出來啊，我們也是人類，恰和我們的主人一樣，我們也有四肢，恰和他們一樣。我們受苦的限度，只能夠和他們一樣，我們也有一個心臟——我們的心臟是溫和的，是真實的』。我們在此處看見一種精神，可以構成一種工團主義的運動，但是他沒有工團主義所必須之結合的能力。

一直到了十四五世紀，我們才看見那些職工會，有一點傾於工團主義運動的趨勢。『當十四世紀的時候，一般短工或自由民（yeoman）起首組織團體藉以擁護他們的權利。這種團體的組織指出在特別的工人階級之中，有了一個裂口——這就是傭工或地位較高的工匠和普通工人之衝突。那些短工互相聯合攏來，保護他們的特別利益，如工作時間和工價之類，他們因勞働問題遂從各方面和主人宣戰。雇主所組織的團體和傭工所組織的團體互相爭鬥，這種事在西歐蔓延很廣，但是在德國所起的爭鬥比較在法國或英國所起的爭鬥，愈加顯著。當十五世紀的時候，這種爭鬥真正是德國工業生活中主要的特點之一。英國的傭工團體經過一次爭持完全獨立之後，似乎甚陷於雇主公會(Masters gilds)的監督和管理之下了。換一句話來說，他們的團體變成舊職工會 (old craft fraternities) 之輔助的或聯合的機關了。」見大英百科全書。

我們在第四階級之中似乎發見——至少在德國是如此的——一種十五世紀工團主義運動的傾向。從那個時候起，在好些職工會的學徒中，即有一種組織，並具一種精神，到了十九世紀，這兩種東西都達於成熟之期，遂有一種結果，這是顯然無疑的。一班工人因為他們做長時間的工作，又因不得已而屈服於不堪忍耐的情形之中，遂激而生怒。一千五百三十九年，在里昂(Lyons)的印刷工人同盟罷工，那些學徒陳述他們的事件，詞鋒是很銳利的，語句是很有力量的。他們說，『我們的主人過了很快活的日子。他們躺在舖中，非常安逸，而瑞士，德意志，和意大利的學者又羣集市中，講演自己國內的風俗習慣。他們聽得好些很有趣味的故事。他們聽得好些外國奇怪的故事。但是我們呢，——我們對於這些好事情簡直沒有分啊！我們做奴隸，從早晨兩點鐘起，一直到晚上八九點鐘才止，我們的主人現在是偉人，是富豪，所以不能來到工廠中，站在我們的旁邊看一看這種情形。」

然在世界史上，這樣的罷工要想成功，時機未免還沒有成熟。　在里昂地方，主人階級和學徒階級的界限隔離雖很遠，然有一樁事情尚沒有嚴格的限制。　凡學徒仍然可希望變成一個工人。　如一個前程有望的工人可向他的主人的女兒求婚，到了結婚之後，他的手中，就拿着一個寶貝了。　此外，大家還須記着，當時不和現在一樣，却沒有民事執行官以嚴刻的手段，去助長法律的威風。　也沒有警察去執行當時各種勢力的命令。　當里昂的印刷工人同盟罷工之際，他們起初覺得他們能夠和市中民事上的勢力相對敵。　他們攻打一班沒有罷工的人，抵抗市長和他的巡查，而國中的軍事執行官，當紛亂的初期，也沒有干涉的意思

但是當他們幾乎要餓死而仍然傾於抵抗的時候，法王的長吏遂決意把他的威風顯出來。他強迫他們回去作工。　禁止他們五個人以上集合開會，干涉各種獨占和聯合之事，並且限制他們攜帶武器及加橫暴於沒有罷工的人。　既是如此，里昂印刷工人後來的景狀比初時似乎定要更壞一點。

職工會運動的目的既在乎工團主義這一類的事情上，因此遂失敗了。 在第四階級中，想要有一種强有力的結合，第一須有完全的結社自由；第二在主人和傭工之間須有一種固定的大界限；第三社會的現狀須安甯，而公理須有戰勝强權的希望；第四無產階級的大聚合須集在純粹工人所居的中心點；第五工人中間須有少數有學問和有思想力的人。 這些條件在十五世紀和以後幾世紀的職工會運動中，沒有一條是完全備具的。 這種運動和變將殲滅他的經濟上之大勢力宣戰，雖沒有什麽效果，却也支持一時。 在各大市鎮裏面，職工會一時成爲工業中一種不可免的附帶物。 但是到了十六七世紀的時候，職工會運動的運命顯然就要告終了。 工業的新組織遂成爲一樁不可免的事實了。 「個人的自由」和「自由競爭」就是當時的格言。 一個在工廠中的工人要想有一天能成爲一個自由獨立的人，便覺得毫無希望了。 故十九世紀一經開幕，職工會的時代就過去了，而第四階級遂不得不組織工聯，這種機關雖含有好些舊職工會的特點，然和早前的活動完全相異的要點，加入的也很多。

十九世紀在一個大著作家卡乃爾(Thomas Carlyle)的眼中是一種革命的時代，卡氏是第一個發見這種時代之工團主義精神的人。 各種舊障礙物一概除去了，各種舊禁令都爲人所深惡痛絕，而向來的特權也成爲過去的歷史了。 人類的衣服都剝去了，他如初生時一絲不掛，站在他的兄弟的面前，任其用電光似的睛眼注視。 他當從事於新結合；他當尋找新的依賴物。 他起初自然不能十分成功。 『支付現金』就是『人類中唯一的義務』，這並不是一種理想上的事情。 這位有天才的蘇格蘭農夫卡乃爾聽見機輪的軋聲繼續不止，便知道他的好幾千親友戚族都關在令人討厭的工廠裏面， 他遂用他自己特別的語法問道，『你聽見一個滿切斯特(Manchester)城在禮拜一早晨五點半鐘就醒了麼？ 他的幾千工場的轟聲和大西洋的怒潮一樣啦，好幾萬綿軸紡錘都在那裏簪簪地叫啦』。 他後來聽了這種聲音，心中就帶厭了，他在少年的時候，反覆頌讀格特(Goethe)的威特(Werther)和協列(Schiller)的強盜(Robbers)，藉以鼓舞文學上的興趣，以爲他的革命的呼聲之助。

我們曾經說過，一種有効力的工團主義運動須具有幾種必要的條件，此時這些條件中已有實現的，而卡乃爾的著作更把他明白宣布出來了。 工業革命使人民集合於新的人口集中點。普通知識的發達，遂使有思想力的工人互相結合，成為一種工人貴族。在雇主和傭工之間，界限很分明，傭工要想向主人的女兒求婚是不可能的，而他們且以單純無變化和前途無希望的苦工終身。近世所稱的國家此時正在創造之中，社會制度頗為複雜，而公理戰勝強權的傾向也愈加顯著了。當十九世紀的初期，工團主義運動所必須的條件有三種正在醞釀，而此時所需的是完全的結社自由，有了這種東西，第四階級便可自由組織工聯或工團，以為工界新運動的出發點。

一直到十九世紀已經過了二十年，這種結社的自由才大概實現。德國此時還是限制工人結社，法國的工聯到了一千八百八十四年才得到一種保證自由的憲章。一千八百年的英國條例(The British act of 1000)規定，無論何人，如果聯合別人，要求增加工貲，或減少工作的數量，或以別種方法挾持從事製造或經營商業的人，可以被控於治安判事之前，並可以被拘於普通監獄中，以不超過三個歷月(Calendar month)為限，或是被放在改過院中作苦工，以兩個歷月為限。至一千八百二十五年，工界所受的壓迫略微改正了一點，凡以「磋商和議決工價爲唯一目的』的會議，只要那些和這種會議的方針不同的人，不加『干涉』或『阻礙』，都認爲合法。這種改正案對於工聯的前途，並不是一種很大的鼓勵物，不過此時工聯的概念至少也是可能的，而一般工界領袖都轉而希望英國樹一個將來眞正無產階級運動的模範。

一千八百四十二年，馬克思(Marx)在倫敦(London)一個勞働會中演說，他說，『雇主和工人間的對抵，在英國極爲發達，故社會中這兩種階級激烈的戰爭在此處是萬不能免的。這種衝突將在英國開始，到結局，民主主義將得到普遍的勝利。歐洲民主主義者的成功，就在英國民權主義者的勝利。』（見馬克思和昂格思的共產黨宣言。）當時代向前推移，就證明這種預言有須改正之處，但是馬氏說這種話時的自信力，足以表示當時英國爲新勞働運動中有希望的地點所達之限度。工聯在別國內是一種秘密的結社，並且於辦理時有種種神祕的儀式和信條。這種機關在英國可以於政府和大羣的國民前公然出現。故馬克思和昂格思(Engels)於一千八百四十七年草共產黨宣言(The Communist manifesto)之際，特於書中指出那種夾着罰名中等階級奸徒的秘密結社之時代，已經過去了。將來工界可以自由組織工聯，不受絲毫限制共產黨宣言說『工界除掉自己身上的鎖鏈子外，沒有絲毫損失；但是他們所得的就非常之多啦。』如果英國沒有一個先例，做這種宣言的人決不能顯出這樣揚揚自得的興致。

到工團主義的路現在是開通了；但就是在第一章中也必須申明一下，十九世紀後半期的勞働運動並不完全向着工團主義的方向走。大概說起來，工界的『活動』有三種主要的方法——第一是政治的方法；第二是協作的方法；第三是工團主義的方法。我們起初如果略微分清了這三種方法，讀到本書的後面，將愈加明白了。

在勞働界活動所表現的各種動作中　大概政治運動在公衆的眼前，極為顯著。這種運動除掉在英國外從沒有直接依賴工聯的組織，他雖是由一種『階級戰爭』的觀念而成立的，然他對於中等階級的人之加入，却不拒絕。但無論在何處，這種運動也是基於集產主義的經濟學說，這種學說為比人凱撒(Caesar de Paepe)於一千八百六十年以後的幾年輸入國際工人協會，並且有一種進步，因為大家都更懂得近世國家的重要和政治上的影響。工團主義於傳播時大都直接反對政治的勞働運動。他贊成國民的直接運動，不贊成近世民主主義的代議政府。 他喜歡使用暴力，沒有討論和爭議的忍耐性，這種性質是近世政治思潮中的特點。 他不是主張集產的因爲他把國家當做一副政治的機器，更疑國家只顧別種階級的利益，不管工界的利益。 工團主義的戰爭是一種堅持到底的戰爭，因爲沒有一種國家一樣的最高權力，能夠在兩敵之間，擔任裁判。 工團主義政府的單位是工聯，而工聯除掉拒絕雇主以外，聽一般工人自由加入。 工團主義的眼界是以國際爲止境的，因爲工聯的組織是普遍的，遠過於一個特別國家的疆界或政治範圍之上，在政治的和工團主義的大勞働隊伍中，似乎有無數複雜不同之點；然在實際上，這都可以說是起於一樁很大的和顯著的事實，就是，集產主義所依靠的是特別的國家，而工團主義所依靠的是普遍的工聯。

就工團主義和協作運動加以區別，不是一樁容易的事體。 協作者和工團主義者一樣，定要將工業——生產的和分配的工業——歸工界聯合會管理，而每一個工團主義的理論家以爲在社會革命的初期，當大大地借助於協作者。 然到了後來，據工團主義者的意見，凡現在的協作社會所做的事體，工聯將來都能夠做；所以他就判斷協作在本質上是一種過渡的和

有止境的運動　協作沒有工團主義之戰鬥的或強迫的精神。　協作所遇之工業革命中對抗的勢力，沒有遇到工團主義所遇的那種程度；工團主義的理論家對待主張協作者的態度，雖不像他們嘲笑社會主義的大政治首領一樣，然他們却以為他和他們自己特別運動的領袖相比較，只占得一個次等的地位。

## 第二章　工團主義和民權主義者 (Syndicalism and the Chartists)

前章已經明白指出在工團主義這樣東西能夠出現之前，須經過一條很長的道路。　在工聯能夠發生之前，須有結社的自由。　在第四階級的首領能夠崛起，來引導他們向有希望的地方前進之時，須有一點普及的教育。　要想鼓動工界革命的精神，還須有一種激烈的階級惡感情。　據上次所引的馬克思顯著的預言，在英國社會中兩種階級『激烈的戰爭』是萬不能免的，所以在英國從事於工團主義的預備是最有希望的。

從實際上說起來，民權主義的運動——在一千八百四十二年特別發達的民權主義運動——可以說是初次將革命中幾種主要的觀念傳播於世了，這些觀念現已成為工團主義的出賣品了。一千八百四十二年事變的基礎，自然是渦文（Owen）的著作和他的經營國有工業的工聯之總同盟會計劃造成的，然這些事變使潛伏於以前的運動中之勢力明白表現於世，這也是眞的。社會主義的理論大家對於四週各種發達的重要，並不是茫無所知。昂格思在一千八百四十七年曾說，『民權主義的運動流於社會主義一事是不能免的。』大家當記着，近世工團主義者把一千八百四十七年的馬克思和昂格思看做後來運動中之傳播大家。

工團主義如果是要藉社會紛亂的狀況來培養，那麼，大家就當承認一千八百四十二年是一種特別順利的時期；當時英國有一百四十二萬九千人受賑濟，或是每十一人中有一人受賑濟。（見瓦爾蒲爾（Walpole）的英國史第四卷第三百五十八頁。）在三個月之中，謀刺英后之事共出現三次。貧民和富人相見，好像怒狠一般。昂格思於一千八百四十五年著論云，『人民將挾其忿怒之心來圖報復，若將一千七百九十三年人民所生的忿怒心和此相較，那麼，以前的眞不算一回事了。貧民反抗富人的戰爭將爲從來戰爭中一種最慘酷的戰爭。』

政治自己已經證明是一種欺詐的東西了。小說家之母布爾威夫人（Mrs Bulwer）於一千八百三十一年六月寫信給他的友人，說，『一個衣服襤褸的人大聲宣布英王的演說詞，並且加入下面的幾句話：「貧民的好消息來了！ 改革案(Reform Bill)快要通過了！ 到了那個時候，你們買牛肉和羊肉一磅，只要一個辨士。 到了那個時候，你們只要略微花幾個錢，身上便穿上很漂亮的衣服，和孔雀一樣，至於一個辨士買一跨特(Quart)皮酒，那更不用說了。」』當時日向前推移，而這種奢望竟不能實現，於是當日工界對於政治和政客的欺騙都有一種覺悟了，他們遂具有一種不受欺騙的精神，現在工團主義顯著的勢力就是由這種精神構成的。 工界中人於是就要開大會議；要召集國民會議；要監視英國立法者，使他們不忘記人民的狀況。

照名義上說起來，民權主義者自然是要求政治上的改革。 他們要求普通的成人選舉，相等的選舉區域，和議員的俸給。 他們主張以球為秘密投票之用。 從這一點看起來，他們擾亂的歷史，可以認為和工團主義這樣純粹工業上的運動，沒有多大的關係。 但是我們若考究民權主義的首領如柯白(Thomas Cooper)等的內部歷史，我們就知道逼迫他實行活動於這種新革命的原因，是由貧民所受之工業上的禍害，和中等階級政治的顯然無改良希望兩椿事。　列斯脫(Leicester)的織襪工人勤苦作工一整星期，只能得到四仙零，六辨士，當柯白和這種貧苦工人相接觸的時候，他的生平事業便從此標出一個時代了。　當他聽見民權主義者演說之時，他的意見完全改變了，他聽見演說者末尾向麥爾博（Lord Melbourne)和民政黨人(The Whigs)所說的話，不是懇求政治上的改良，但是和一個工團主義的狂辨演說家要向布良(M. Brian)和格列曼塞(M. Clenencean)所問的一樣，『他們允許你們的好希望，現在在那裏？　都沒有了！　……他們大聲叫道，「廉價的麵包！」　但他們的實意是「低廉的工貲。」　不要聽他們口是心非的欺騙話啊。（見柯白傳第一百三十七頁。）

就是在一千八百三十八年民權主義者更純粹的政治運動中，一種厭惡適當政治行動的感情也是顯然可見的，這樣的感情使成爲當時革命中的特點了。　在倫敦所開的國民會議是一種代替威斯明斯脫王宮(Palace of Westminster)（譯者按威斯明斯脫宮爲英國國會所在之處。）的工界機關，恰像工團主義的勞働總會將要把博磅宮(Palais Bourbon)木偶都除去一樣。　巴頓(Barton)於國會拒絕第一次大請願之後，大聲叫道，『當我在世之日，我將詛咒他們，因爲他們這樣狠心，不聽我們的請求；但是我不願意再提請願的事了。』　自從這種銘心刻骨的感嘆之後，我們似乎看見一個工團主義的演說家告訴大家一種「怎樣射擊」的新觀念。

但是那種極足以使我們想及工團主義最早表現的精神之事，不是一千八百三十八年的運動，乃是一千八百四十二年的運動。　試將一千八百四十五年滴斯列里(Disraeli)所著的細俾爾(Sybil)中關於一千八百四十二年礦山變亂的紀載，拿來一看，便覺得這就好像預先描寫工團主義幸福時代的實現：『英格蘭的北方全部和中央的大部分都陷於一種人心乖離的狀態；全國人都感受痛苦；勞働階級不復存一種希望之心：他們毫不信賴現制度繼續下去，能有一種好結果。　他們的組織是獨立於民權主義者政治制度之外的，也是很完備的。　各種職業有一個工聯，而每個工聯在各市鎮有一個會所，在各縣有一個中央委員會。……有一個首領的胸前佩着一面絲製的小旗，和法國古時的帝王旗(Oriflamme)一樣。　從來沒有見過這樣一個瘦削和獰惡的黨人。　當他們前進之時，他們的人數繼續增加，因爲他們在路上逢着勞働者就強迫他加入。每副機器都停止工作，凡鍋爐的火門栓也拔去了，火也滅了，工人也趕出來了。他們發出的命令是停止工作；一直到他們的憲章成爲地方的法律爲止；凡礦山，工廠，鑄造所，和織布廠，都一律歇業，等候圓滿的結果；然這樣氣勢洶洶的停工並不限於此等大企業。所有各種職業都停止了——裁縫，補鞋匠，製刷子的工人，掃除煙突的人，補鍋匠，貨車夫，泥水匠，建築工人，以及凡百工匠都停止工作；大家都有一種很長的休息時間，藉以補償他們因此次要求增加生活資料和提高生活程度的能工所受之偶然的痛苦：此次罷工並保證這種要求的事件，最後將達到目的他們所口口聲聲稱道的是工人的極樂國，勞働界的烏託邦，並雜以一種動聽的話，說「一天實足的工資，作一天實足的工」使撒克遜民族聽了，非常高興。

這種工團主義的變亂開始於礦工的同盟能工。斯達伏協（Staffordshire）煤礦主人將工人每天的工資從四仙零降至三仙零六辨士。他們限於布告四十八點鐘之後就要實行這種根本的變更。因此地方上便發生紛亂，而陶器工人遂致失業，勞働界的革命即刻擴充至竭協（

(Cheshire)，蘭卡協(Lancashire)，瓦衞克協(Warwickshire)，和約克協(Yorkshire)，後來又擴充至蘇格蘭和威爾士(Wales)。 當時的社會似乎是要解體了。 一千八百四十八年的變亂爲工團主義眞正的前驅，究竟達到什麼程度，他後來消滅去下，毫無效果，遂使法國人民爲近世工團主義眞正的開創者，究竟是什麼緣故？

英國本有好些事情足以使工團主義的運動有成功的希望。 那種新貧民律(New Poorlaw)和那種認承大多數人民的貧窮之事，已經生出一種階級的惡感情，就是在滴斯列里這樣青年所棲息的安樂社會中，也有這種感情侵入。 細俾爾是一部小說，內中所講的事實是關於兩個國家的事實，但這兩個國家不是德意志和不列顛(Britain)，或英格蘭和俄羅斯——這兩個國就是資本和勞働，地主和田奴，他們的對敵由來已久，不過時常爲大家所忽略罷了。一般人民並不眞正希望這兩國能夠藉政治和政客之力，聯合攏來。 因爲第一次民權主義者請願所受的待遇，和一千八百三十二年的改革案不能實現人民對於他的奢望，大家遂拋棄這種聯合的希望了。 如果一千八百四十八年的人民仍然走近國會，要求政治的改革，這是想去威壓他，不是想去勸服他——想大大地表出人民的勢力，使立法者的心中害怕。工人的心中都存有一種勞働界總歇業的觀念。各種生產工具定有一種停工的時期。如果第四階級的運動以前能有成功的希望，他在一千八百四十二年應當眞正成功了。

一千八百四十二年的運動和歐洲大陸的工界各種運動是有直接關係的，關於這樁事的證據也並不少。一千八百四十七年所開的勞働會議，馬克思和昂格思兩人都親自出席，當時有一個著名的民權主義者約翰斯(Ernest Jones)作一種很强硬的，很有力量的，和很動聽的演說。我們於這種演說中，發見一種帶着國際彩色的特點——這種特點是後來一般工團主義者所極力鼓吹的。

然當時對於工團主義的運動却有些很重大的障礙物。要使工業停頓能夠告成，時機尙沒有成熟。社會對於應用近世生產企業之賞心悅目的物品，比當時須更進一步，成爲一種習慣，則撤消這種物品的全部或一部，才足以引起他的恐慌。當一千八百三十年的時候，利物浦(Lnierpool)和滿切斯特的鐵路才開始營業，一般人民對於這種新式機器轉運，還沒有習慣，此時說把鐵路交通停頓起來，究有什麼用處呢？ 當紐曼（Neumann）還沒有將磁電氣感應之數學的定律考究出來，你怎樣能夠取法泊都（Pataud）的策略，斷絕電光，使豪富的社會發生恐慌呢？ 實則，關於實行工業的工團主義一事，須社會已經入於一種設穽自陷的時代才可。 因爲我們已經習慣於賞心悅目的物品，大有非此不可之勢，故將這種物品除去，便容易使我們受累。 因爲我們因圖自己的歡樂，已經養成了大隊的轉運工人，故這種技藝純熟的人無須借助於無組織的和無定業的勞働者，便能卽刻使我們的近世生活，歸於停頓。

通通這些事件在一千八百四十二年都是不可能的。 當時沒有特出的工人善於團結，並且具有充足的智能，能夠以命令發起而又收束一種變亂。 當時殘忍的暴力還沒有一種更狡猾和更危險的消極抵抗方法來做他的替身。 在民權主義的工業變亂中，一般礦工是些領袖和先鋒人物，當他們看見自己早前的步驟不爲一班牧師和雇主所贊同的時候，他們就使用無組織的暴力。 於是暴徒就搶刧麵包舖。 羣衆就侵入各工店，並且縱火焚燒各工廠。 當政府的軍隊出來彈壓的時候，沒有一種反對戰爭的運動來減殺兵士的氣焰。 在實際上，一千八百四十八年工界中民權主義最後的階級惡感之大爆發所以消滅，是由畏懼武力的壓迫。國會怕羣衆的威嚇，這是曾經說過的。 一班國會議員因龐大的羣衆遊行發生一種有力的壓迫，他們受了這種教訓，他們的腦筋都靈敏了。 但是後來國務大臣却因此驚慌起來了。惠靈頓公爵(Duke of Wellington)出入威斯明斯脫王宮，便帶一些正式的軍隊。 於是由此等情景的精神所造成的一種變局卽刻便出現了。 國會不獨不復受羣衆的威嚇，他見了由一輛卑劣的馬車倉卒帶進王宮院中的大部頭請願書，還要發一個微笑。 他只要略微表示使用武力，他所要做的事就已經達到目的了。 於是工團主義運動中最早的企圖遂於譏笑恥辱之中告終了。

然這種企圖却也遺下種種教訓。 他已經表現一種倡亂的精神，這種精神的外表雖屬溫和，然却實實在在伏在英國工界運動之中。 他已經明白指出在工團主義的運動能夠說有什麼成功的機會之前，這種運動定當和工團的人及工團的機關互相結合。 他表明純粹的『體力』和一種操練純熟的正式軍隊相遇，這種體力便毫無力量了。 他表示勞働的總歇業是無產階級手中的主要軍器之一。 他並且確實宣布除非工業革命的時期延長一點，第四階級要靠自已聯合的力量去達到『一天實足的工資作一天實足的工』之目的，是不可靠的。

英國當維多利亞時代的中期(Mid Victorianera)，大家都厭惡運用任何種殘暴的壓迫手段。 他們極相信凡事當要講道理，這就是禮讓時代的特點。 依里阿特(George Eliot)使霍爾特(Felix Holt)夢想把礦工集成小團體，勸導他們相信那種足以解放他們的眞理，以爲社會革命的開端。 就是男女的婚姻也是依純粹理性的原則而履行的。 當時一個錄日記的人告訴我們，說亞利致授(Professorairy)非常怕羞，他看人從來不直望着別人的臉子。 有一個朋友向他說，『你從沒有看過某士女的眼睛麼？ 他的眼睛有兩重反射的元質啦。』 這位哲學家答道，『啊，這眞奇怪，我很願意看一看；你想我可以訪問他麼？』 然關於訪問這個問題，他覺得將要一生的工夫去研究，要是和那個士女結婚，他那所費的研究工夫自然是要這樣多了。

這種精神輸入工匠的社會中，和工界的學校中，遂使第四階級從一時走入的工團主義革命的道路。轉向和平討論和勸導的途徑進行。　一班工聯的領袖專心致志履行他們的職務。像洛克(Alton Locke)一流的人物，讀了卡乃爾的著作，只努力發達並且增進他們自己的心思才力。　以前因實現一個普遍的大變局所具之倡亂的精神和遠大的計畫，是濶斯列里在細倬爾中曾經好好地表現出來的，然此時這些東西不過留為一個久遠的過去時代之紀念物罷了，直到近世的工團主義運動才把這種精神和計畫再表揚出來，承認他們在世界工業史上是一種勢力。

## 第三章　工團主義的創造(The making of Syndicalism)

我們在上章結尾所說的英國工聯運動似乎已經使馬克思和昂格思兩人對於英國工人所抱的奢望都成泡影了。　這種運動中沒有革命的感情之痕跡。　從前好戰爭的共和主義（Militant Republicanism）已經退處于無權，讓一種順從現今各種勢力的「滿足之心」來做他的替身了。　各種工聯以懃懇和堅忍的態度，繼續努力於偶然罷工的行動，力爭零碎的改革，並且當戰爭停頓之時，籌備巨額的準備金以爲允許有利益的支付之用。

然單就一方面講，英國仍是一個自由之邦。 第四階級在英國開會，比在任何國開會更加自由些。 一千八百六十四年九月二十八日那個有名的會議，產生一個工人的國際機關，當時在這種新運動之中，法國的代表雖是些最活動的和最有勢力的分子，然開會的地點却在聖馬丁的大廳 (St Martin's Hall) 中。 當國際機關的總會議選定之時，他不去巴黎開會，仍在倫敦開會，就是爲圖安全的緣故。 巴黎的警察官腦子裏面裝滿了歷代相傳的武力信條，他不大任聽一個工界的演說家自由行動，而不加以幾分正式的注意。 除掉在很特別的機會外，巴黎城內不能開露天會議。 就是到了能開會議的時候，大隊的警察跟着就來了，他們故意以各種討厭的干涉，來麻煩人民。 這樁事顯然是和好些有勢力的法國工人團體懷恨政治的國家 (Politcal state) 有關係，並且和他們懷恨起初卽附着於工團主義運動中那種堅決反對政治的成見有關係。

照近世工團主義這個名詞的真正意義講起來，這種主義是在法國正式出生的。 一千八百四十二年的民權主義運動明明白白帶着工團主義的彩色，這是曾經表明過的。 他夢想工業的停頓，和幸福時代的開始實現。 他相信實行動作，並且獎勵破壞機器。 但是當時生產的技術不十分進步，不足以使他達到他的主要目的。 他的革命計畫在工聯會議的議事錄中占重要的位置。 英國各重要的工聯太小心謹慎，太急於自身的改進，太注重經濟的研究，故不願以他們的所有物作孤注一擲。 反之，法國的工人對於經濟學的研究，遠不及英國勞働領袖的精深。 法國工人是受了一班革命領袖的鼓動，不是受了社會主義學者的指揮。有些地方，他還沒有跳，就跑起來了。 他的心中滿裝着國際主義的大計畫和傳播反對軍備的大計畫，不是裝着各種實業作爲國有產業，或煤氣和水作爲地方公有產業等思想。

法國自從大革命之後，乃有人民的歷史和政治傾向出現。 法國是一個嚴格中央集權的國家。 就是地方政府也要受中央政府官吏的監督。 主張官僚政治的人除掉自已的行政機關外，對於任何種行政機關的存在，都是不能容忍的。 他的國家必須和斯濱諾塞所說的實體(Spinozar substance) 一樣，是唯一的，和無限的，「一個獅子洞中的足跡，都是向內的，沒有向外的。』就是當人民頭上帶着「自由帽子」的時候，一個工人協會還是被疑抱有一種惡毒的意思，想篡奪中央政府固有的權力。當一千七百九十年和一千七百九十一年的時候，民選議會禁止同盟罷工。一千八百十年的刑法例宣言，『凡二十人以上的每天會議或特定日期的會議，非得政府的允許，不得開會。』關於待遇工界的事，本書第一章所引之一千八百年的英國例條和此一樣，這是眞的。但是英國當日藉特權的方法，可以希望替人民得到許多便利之處。此外，英國於一千八百二十五年，對於工界的待遇，有好些地方即改正了，而法國一直到一千八百六十四年才把一千八百十年的刑法律弛禁，路易拿破崙才允許工人以討論同盟能工的理論權(theoretical right)或結社權。

然路易拿破崙的讓步，並沒有使懲罰工界結社之事停止，直到一千八百八十四年，二十個人以上因經營同類的職業或結合各業生產同類的物品之工聯或職業協會，才不須得政府的許可，能夠自由開會。當時雖有這種特許的自由，然仍有幾種限制。凡各種被認可的工聯——(一)只能防護經濟的利益；(二)他們須將他們的章程和執行部人員的姓名存記；(三)

如有各工聯互相結合之事，他們須將每個加入的工聯之名稱報告中央政府。這樣的一種歷史定會使法國的工聯主義變成一種希奇古怪的東西，這是顯然易見的。英國的工聯自從民權主義運動的時代間或竭力從事於革命的活動後，專心積集投資的利息，籍作巨額的準備金，在他們覺得再要努力於政治問題之前。他們以爲這是應當先做的。但是法國工聯的組織甚遲，所有加入工聯中各種活動的會員都富於政治上的熱情。他們內中有些人是無政府主義者，有些人是共產主義者；他們通通都深知各種革命的傳說。照一千八百八十四年的法律條文，他們的工聯只能防護經濟的利益，然他們自然會把『經濟的』這個形容詞的意義引申起來，要等他把「在國中創造一個新國」包在他的擴大的範圍中才止。

自一千八百八十四年的例條通過之後，卽刻就有一種工界的機關出現。這種機關在大市鎭中變爲一個職工公會。這種職工公會是市中各業的一種會議。開議的地點是在屬於市區的大廳中，一般加入並且指導各工聯的工界政客卽時見到，如果他們要在國中組織一個國家，這種新機關可以作爲將來勞働市區的中心點。同時這種機關可作爲（一）幫助市中失業的工人之用；(二)講演勞動問題之用；(三)傳播主義之用；(四)抵抗不法雇主的誅求之用。各縣工業的工聯同時組織縣同盟會或全國同盟會。 在實際上，工界的聯合是當時一個重要的問題。 法國工人久已着手聯合，不過他須藉他的組織之擴充和効力去補償從前進行時所虛耗的時日。 一千八百九十二年，各職工公會互相聯合，組織一個大同盟會。 一千八百九十五年，各業的全國同盟會聯合創設一個著名的勞動總會。 到了一千九百零二年，各職工公會都加入這種勞動總會中，於是我們現在所知道的法國工團主義活動的總機關便構成了。

那些互相連絡攏來，組織這種總會的工人，都是各種政治宣傳中的老手，這是曾經指明過的。 鮑集(Pongot)和伊威托(Yvetot)在橫暴的和流血的無政府主義戰爭中已經大露頭角。 會中第一任秘書格里書列(Griffuelhes)本是一個短工鞋匠，他在社會主義派的政治戰爭中已經很有聲名，當時這些社會主義派是在法國選舉縣區中從事競爭的。 這些新戰將，從初時起。自然就不是同一樣的心思，同一樣的意見。 尼亞(Niel)是萌伯里亞(Montpellier)

一個珈琲館的侍者，他被派爲他那處地方職工公會的祕書，他即刻便顯出自已是一個比較溫和及機警的人，於是以他繼任勞動總會祕書之職一事遂成定局了，他自就職之後，時時留意使這個會的活動不出乎純粹經濟方面的範圍。 一般會員雖有些是急進的，有些是緩進的，然他們都是無產階級的人，他們都是正在自已所習的職業中作工的或曾經工作的，他們在這一方面和柔萊（Jaurès）及蓋司德（Guesde）所統率之政治的社會主義黨立於反對的地位，歷時不久。

這個經濟的新勞動總會即刻遇着各種政治的或類似政治的問題。 例如一千九百零八年他們在馬塞伊（Marseilles）所開的評議會中，因解決會中選舉區比例的代表問題，花費一大部的光陰，耗去極大的精力，並且惹起好些憤激的辯論。 勞動總會的組織顯然是很奇特的他是由工聯的同盟會和職工公會構成的，因此他就含有兩重的代表。 凡一個大城鎮的工聯在各業的城鎮會中派有代表，在他自已特別同業的全國代表會中派有代表。 大家應當記着，在構成勞動總會的分子中有一大部分是些極小的工聯。 一千九百零八年在馬塞伊的製手套工人只有五個工聯，會員共五百人。同時建築業有三百三十六個工聯，會員共四萬人但是依照組織勞動總會的原則，每個工聯人數雖少，可算作一單位，然沒有一個工聯能算作一單位以上。於是便發生好些出乎常規之事了。現在再就一千九百零八年的數目說，製手套工人的會員只五百人，有五投票權，而礦工的會員共計四萬人，只有三十五投票權。

這一類出乎常規之事，卽刻就惹起好些討論和爭點。有些工聯是傾於革命的，如鐵路工人的工聯是；有些工聯是自認爲聯盟會中之溫和分子的，如建築業是。爲什麼各更大的工聯不應當依照他們會員的比例數用名片選舉法(Card-Vote)代表出來呢？然若採用比例的代表制，是否應當伴以一種代表少數人的方法？這些問題惹起法國一班組織這種勞動國會的人紛紛爭論，並因此使他們的智慧愈加靈敏；他們在討論之中對於當時掀動博磅宮一班政客的各種問題所表示之異同點，從初時起，當已使鮑集，泊都，尼亞，格里書列，和新運動中別的工界領袖得到一種暗示知道勞動總會可以代替國會，並且可以變成法國工界各種活動的眞正中心點。

然工團主義的會議却不喜歡比例的代表制。法國工界的運動，祕密進行，歷時已經很久。各種鎮壓的法律和暴虐的官吏對於他極力摧殘。幾乎使他不能存在了。但是一千八百八十四年的法律已經允許工界以充分的自由，他們遂設法使工聯的數目加多。每種職業有一個工聯；每個城鎮有一個公會，而每種職業和每個城鎮在勞動總會中選派代表的方法應當是相同的。無論用何種代價，法國的工人須數以聯合的方法。勝利只能由人數的壓迫和恐怖的局面中得來。凡一種職業的工人聯合攏來，或可以做一點事。他們若彼此分離，一定是會失敗的。

然工團主義的計畫中第一種觀念就是資本和勞動的戰爭是不能和解的，是繼續不止的。這種觀念的起源，半由於幾個無政府主義領袖遺留下來的傳說，半由於勞動界和警察的衝突，遂使同盟罷工在法國成爲一樁流血的事體。在勞動總會早前的歷史上——特別在一千九百零六年——諸列威伊（Draveil）和威列盧夫（Villeneuve-Saint-Georges）發生不幸的同盟罷工，繼續不斷，因此使人民和軍隊互相衝突，並且使工團主義的會員腦筋中有一種不能磨滅的印象，就是，在經濟的爭鬥中，除非以武力去抵抗武力外，沒有別的法子可以制勝。向着你們的主人訴苦有什麼好處呢？　用正義的名義提出抗議，得到一點小利益！　職業是一種繼續不止的戰爭，工人保護權利最好的方法是舉行同盟罷工，堅持到底，好像他們是去打仗，要到死方休。　故工團主義者在實行同盟罷工之中，喜歡動作不喜歡空談。　他們喜歡大示威的遊行運動，大家用舉手法投票，不喜歡用紙投票的政治方法。　他們不要强迫的仲裁裁判，他們即刻就覺得要使同盟罷工能生出極大的損失，當盡力把他的範圍擴大。

自威列盧夫流血的事件發生後，勞動總會於一千九百零六年八月試行一種二十四點鐘的總同盟罷工。　總同盟罷工的觀念久己模模糊糊往來於十九世紀工人的腦子裏面。　當一千八百三十四年的時候，里昂的織布工人己經想及總同盟罷工。　我們曾經看見在一千八百四十二年，這種罷工爲民權主義運動的鼓勵物中之一種。　一千八百八十六年美國有好些工人對於這種罷工。曾予以一次試驗。　一千八百七十二年，白露提亞（Felloutier）曾向職工公會的評議會提及這種能工，布良（M. Aristide Briand）——他以後做法國國務總理——因極力主張這種罷工，遂初次顯露頭角。　但是一般工團主義者於近世工業組織的進步中，即刻就發見一種舉行總同盟罷工的方法，比較在舊時更容易成功。　你們的總同盟罷工不須完全具「總」的。　國中的工人不必個個加入工團主義的隊伍之中。　有幾種工業為近世工業生活的基礎。　停止交通機關，近世的生活就不可能了。　斷絕煤炭的供給，社會就紛擾起來了。　撲滅電光，巴黎就會戰戰競競，不能終夜了。　通通這些事件都出現於早前工團主義領袖的心中，於是總同盟罷工的觀念即刻便成為工團主義計畫中一種重要的元素了。

但現在工人心目中主要的成見是發明侵犯資本家的新武器。　『薩博特池』（Sabotage）

譯者按"Sabotage"是從法文中"Sabot"變來的，"Sabot"是法國工人所穿的一種木鞋，我國普通把"Sabotage"譯作『怠工』，但是原文所含的意義甚多，決非『怠工』所能包括，然在中文內再找一個更妥當的譯名，實在不容易，故用譯音法，譯為『薩博特池』。

在法國成為一個可怕的名詞了。　在布良當政時所定的禁止同盟罷工法中，薩博特池的界說是，『志在停止或妨礙工商業，故意將工具或別的物件破壞，毀損，或使之歸於無用；』照大概講起來，這種官樣的說法將許多勞動革命所實行的薩博特池之範圍，恰恰測量出來了。　薩博特池可以指爲將煤油注入提煉槽中。　薩博特池可以指爲一時閉塞電氣機關中的囘綫。　薩博特池可以指爲在木頭上釘一口釘子，使鋸受損傷。　薩博特池並且可以指爲用薙髮刀將資本家的下領割傷。　但是薩博特池並不能處處指爲毀壞器具，或弄出實現的損傷。　建築工人可以多費工夫，把簷板做成一種真正的美術品，藉此遲延工作的時日。　鐵路工人可以將總局加於他們的各種規則和章程，依照字面執行。　通通這些事件並不是實現的損傷。　這是一種最聰明和最巧妙的薩博特池。　這椿事足以表示在工團主義的新運動中，和在這種運動繼續進攻的戰鬥中，有許多的策略和機智，供他的應用——如薩博特池，合羣抵制(boycott)，工聯傳單街市遊行等是；通通這些事件和常規的同盟罷工，以及更凶險的總同盟罷工，在一班能幹領袖的會議中，反覆討論，不厭求詳，他們都表示一種戰爭和革命的精神，這就是過去和現在工團主義運動的激勵物。

工團主義後來已經頗有勢力。他在事實上是和平運動的反對物。　他是由於完全不信仰道德的價值而發生的。　你要向一個站在戰爭路上的資本家求得同情，也可以向一個石頭榨出血來。在一班工團主義領袖的心中，早就有一種抵抗政治的國家之戰爭，與這種和資本主堅持到底的戰爭，連在一起。在早前的工團主義戰爭中，國家已經自認爲雇主之友和同盟者。勞動總會成立不到幾個月，萌伯里亞的職工公會就被警察侵入了。一千九百零六年發生一種繼續不斷的和流血的同盟罷工，這是曾經指明過的。當一千九百零五年浪維（Longwy）發生同盟罷工之時，法德兩國的軍隊共同保護一個鋼鐵廠，因爲這個廠一半在法國的領土內，一半在德國的領土內。當工人有了這一類的經驗，又回想國家對於工人的結社，始終仇視，於是他們對於政治國家的觀念，無論是一種什麼形態，都一律加以攻擊，他們生出這種感情也是不足奇怪的。國家在政治的作用中，將各黨派都混合起來了。勞動界議員不是代表他的工聯，不過是代表他的選舉區罷了。在許多地方牽引政治界線索的人是些富豪。就是各種社會改革事件，一經政治的議會矯揉造作出來，便使工人極感不便，並且受極大的損失。爲什麼工團主義者要參與這種政治的計畫呢？爲什麼大家要假定只有工黨和社會主義政黨的人，才能夠替工人謀永久的和平呢？工團主義者不承認這樣的託詞工團主義要存一種反對政治的偏見。

我們於此看見工團主義的妙論。　工聯是一種經濟上的組織，工人拯救自己最好的方法，是和資本家宣戰，和政治及政客斷絕關係，這種觀念是工團主義的基礎，這是我們已經屢次說明的。　但是他因嚴格反對政治，遂使他比從前更傾向政治。　凡宗旨極相反的人是彼此分離的，在他們的中間不能引起一種通常的共同利害。　當你開始以惡語傷殘別人的時候，不是因你不要他，不過因他沒有加入你這一邊，你因此遂眞正爲他所激怒罷了。　當工團主義者開始詆毀一班政客之時，眞正的原因是因他們正被誘導而想及政治活動的基礎上各種學說。　他們自稱爲反對政治的人，但是他們嚴格的反對論却指明他們對於自己認爲必須反對的原則，在實質上又予以幾分認承。　還有一種最奇怪的妙論是說工團主義者在實際上迫而退出國際工聯會議，是因一般政客要將各種政治問題引入一個經濟會議中。　實則工團主義者對於一班政客已經屢次詆譭，他們已經深知政治宣傳事業中各種腐敗的情形了。

工團主義者同級中的無政府主義者，如鮑集和伊威托等在工團主義的發展中這一個時期面，很占勢力。他們宣傳一種反對國家的戰爭之教義。國家是一個仇敵。中央政府的官吏，是一種官僚政治的專制之工具。但是這種官吏的手中既擁有軍隊他們便能夠繼續壓制工人。爲什麽不努力將軍隊從現存的各種勢力中分離出來呢？爲什麽不在兵士駐紮的營寨中引起一種暴動呢？在一千九百零六年亞棉（Amiens）的會議中，因前無政府主義者伊威托的動議，遂議決開始一種反對軍備和反對愛國的宣傳運動——『這種宣傳運動是很熱烈的，很勇敢的。』但是一大部分工聯對於這種決議的宣言，頗有幾分疑惑。他們不喜歡反對愛國的爭鬥。他們不願聽從黑威（Hervé），貶損一個祖國全部觀念的價值。故一千九百零八年在馬塞伊開會的時候，只單說工人因經濟上的屈服，所以他們沒有國家可言，因此可以推知如果他們得到這種經濟上的權利，他們可以成爲很愛國的人，和站在他們上面的各階級中一般最好的分子一樣。

工團主義者於開始活動時只具一種極强的經濟上的偏見，現在他們却己涉及政治問題，還是非常顯明的。反對軍備的爭鬥對於國家適中在他的要害之處。反對愛國的決議發達成爲一種模糊的國際主義，引起大家對於外國事件的研究，還種決議並且適合於法國工人心中的一種傾心，至於這種傾向是我們曾經充分討論過的。　通通這些政治的，或如工團主義者所說反對政治的，熱望，用『直接行動』(Directaction)這個名詞把他包括起來了，自此以後，這個名詞便成爲工團主義常用的字彙中之一分子。『直接行動』的政策是那些反對政客的人變爲政客一個最確鑿的證據。　直接行動是和代議政府相反的。　工人不是藉議員或代表之力去左右那些握權的人，但是直接憑自己互相聯合的實力去左右他們。　中等階級的人將不能再自誇他們曾代工人得到拯救的方法了。　凡被選舉的官吏不能夠支配工人的命運
工人不爲近世民主主義的比例代表制所拘束。　工人將以自己唯一的志願於最後恢復實力之時，商訂政府的組織。

然要是說這些奢望在工團主義的勞働總會中都能夠自由實現，那又錯了。　自初時起，就有好些有勢力的領袖和工聯主張工團主義只活動於經濟範圍之內，對於政客或政治的烏託邦不加干涉。　在法國這種溫和的領袖中，我們曾經說過的萌伯里亞的侍者尼亞，是一個最

著名的人物。他當時的遭際正是在勞働總會的歷史上一種很危急的時期中。 有一班人以爲主張工團主義是因爲要使社會震動，使一種有秩序的制度變成一種亂七八糟的狀況，尼亞對於這種見解，是竭力反對的。 這樣的一種深遠的見解足以使工聯主義者不注意於他自已同業中必須改良的事件；而反變爲一個反對政客的人，這種人對於勞働界眞正利益所生的危險，比一個惡名最著的正式政客所弄出的危險還要大些。 每個工聯各有自已特別的困難之點——如分件計工，學徒的情狀，機械，工作速度，和好些別種特別的問題都是；然據尼亞說，有好些別的困難不限於那一個特別的工聯。却爲工聯主義的全體組織所同具的。 如每天八點鐘工作制，損害賠償，養老金，和別種問題，是各處地方工業中的貧民所時常談及的。工團主義的機關所應當做的事是將各種特別工業中的工人聯合攏來，使強迫雇主承認八點鐘工作制一事更有效力，或是使強迫他們承認制定一種適當的養老金條例一事更有效力。 在好些時機內，一種同盟罷工自然是必要的，然卽使互相結合的各業中一大部人行使同盟罷工之權，也當小心謹愼。 但是由這種見解所起的一種『總同盟罷工』，一定和取攻擊態度的法國工團主義者之革命的總同盟罷工迥然不同。溫和的工團主義者之『總同盟罷工』，一定是一種純粹經濟的爭鬥。這種罷工是因許多職業所共需之一種確定的工業改革而起的，然他是能夠簡單說明的，並且即刻實現的。這種罷工不會弄出烽火連天的恫喝，當那種闘報復的烈火已經掃除了舊制度之後，也無須負一種指導社會怎樣生活的義務。工團主義者對於憲法無須討論。他在無產階級的政府中不是一個老手。尼亞曾說，『我們第一種最迫切的義務是從事這種經濟改革的戰爭，不遺餘力。這種政策將發生三種結果：他將表現工團主義適當的職務；他將使各種工聯連絡一氣；末了，他將引動大多數遲疑不決的工人迅速加入我們的團體中，並且將使他們看見我們的爭鬥每日所生的結果，』

就是在法蘭西國中，一大部分有勢力的工聯也曾經努力於這種純粹經濟的工團主義，當尼亞做勞動總會的祕書時，一班溫和的人都占據一種優勝的地位。然有好些勢力是反對他們這種優勢的。第一是工團主義理論大家的勢力如索列(Sorel)，伯慈(Berth)和拉夾得(Lagardelle)等，關於他們的事在下一章中將詳細說及；第二是，當總同盟罷工實行之際，不能達到主要的目的，這種失望至少一時却大有助於一般極端派，而使溫和的人失利。然就是一閱勞働總會中一個大肆舌戰的年會議事錄，也看見純粹經濟上的改革案占去會中大部分的時光，因爲這種改革案是世界各工聯所共同需要的，至關於非經濟問題的討論，大概是『議論多而成功少的，』

現在在法國以外的各地方，工團主義中最占勢力的部分確是他經濟的的方面。在意大利國中，披閱並且繙譯索列的著作之人很有好些，而革命的工團主義在此處是很發達的；在西班牙和瑞士，也可以說是有同樣的情形；但是在澳洲，美國和英國，工團主義的勢力差不多完全是在經濟的方面了。今將門恩(Tom Mann)關於這一點所親口承認的信條引述出來，是很饒趣興的，因爲他在澳洲和英國曾向大羣的聽講者說明這種經濟的工團主義。他說，；『我的工業的和政治的信條如下：(一)工業上的共同結合對於促成經濟上的變遷，是一種眞正的勢力。我這句話的意思是，經濟上的變遷就卽使當求諸國會，然須有一種智勇兼備的工業組織，這種要求才有效力。凡工廠條例，以及對於工人有經濟上利益的立法都是這樣得來的。　（二）經濟上主要的變遷須爲工作時間的減少。　減少工作時間是提高工人程度一種純正的方法，就經濟和倫理兩方面說都是對的，而在我們的工業史中沒有別的事比這椿事更加明瞭。　（三）我們將工作時間減少，便能夠吸收一班失業的工人。　拯救失業爲革命家和改革家一椿最關心的事，而拯救失業一種最自然，最簡單，和最有效的方法，是使失業者復業，因此遂把工作分配給大家做了。　（四）我們將競爭工作的事除去，便有力量可以得到更多的工資。　（五）每個工人必須屬於一個工聯，而每個工聯必須和同業中別的工聯互相聯合。　（六）你們大家聯合攏來，從事戰爭，要一直戰到你們經濟上的解放成功才罷手。（七）在現今的環境之中，一個工業機關的會員若發動一個人從事特別的政治行動，是不大合宜的。　（八）國會的行動不及工業的行動之重要；只有工業的行動能使政治的行動發生效力，而工業上的共同結合，或輔以國會的行動，或無須這種行動，將保證經濟上的自由，並且剷除資本主義和伴着這種主義而起的貧窮及困苦。　（九）要保證工業的共同結合，對於管理工聯的財政須有一種適宜的方法，須把友誼會的利益和工業的利益完全劃分清楚，然後每個工聯在工業方面可以和同業中每別一個工聯互相結合起來。」

從這種質直的和概括的陳述看起來，容易知道工團主義到了盎格魯撒克遜民族（Anglo-Saxon)的地方，不復具有他那種野心最大的拉丁式的形態，但具一種最謙遜的工聯主義的形態。 在英國的工團主義仍注重工聯組織的必要，但他却沒有那種好喧擾的特質，而法國人因以往歷史的結果，道自然具有此等特質；英國的工團主義對於同業中各種工聯，予以一種勸告，使之互相結合，這個問題在勞動總會的會議中常引起極大的注意；在英國和在法國一樣；極注重一種八點鐘工作制的議案，且把他看做經濟改革的第一步。 但是英法兩國工團主義者攻擊政治和政客的方法，便迥然不相同了。 法國正統派的工團主義者攻擊政客，因爲他相信這種人是很膚淺的，他希望勞働總會從零落不堪的舊狀況中，構成一種新政治機關。 英國的工團主義者攻擊政客，因爲他相信這種人太引起別人的注意，他願意回復世事眞正的平衡。 英國工團主義者並不否認；政客的地位，他不能否認最終國會行動的必要；但他以爲經濟是第一件要事，政治是第二件要事。 工業的行動不論有無國會的行動相助，終必占得勝利。　在英國並沒有人相信政治衰朽說，然這一說却使索列把一個社會主義的國會議員，比為『舊制度中一個侯爵。』

然從以前一直到現在，拉丁工團主義和盎格魯撒克遜工團主義大不相同之點，就由於他們對於同盟罷工的結果所抱的希望，各不相同。　拉丁民族的工人以為他們用總同盟罷工的方法，就是要把雇主的地位壓低。　他們對於這一點並不懷疑。　我們將於本書第五章中看見鮑集和泊郡預備把這種革命全部進行的道路預先作一個報告出來。　反之，盎格魯撒克遜民族的工人對於資本主義的戰鬥力，却具一種狠嚴重的見解。　他們的見解究竟是如何嚴重，可以將耶克倫敦的鉄脚跟 (Jack London's Jron Heel) 和法國工團主義者的預見互相比較，便形容出來了！　攻取資本主義的礮台不像法國人攻取馬拉柯礮台 (Malakholl Tower) 那樣容易，只要大家好好地向前一衝鋒，大功就告成了。　資本主義把海陸軍隊不看在眼中。他能夠指揮報館。　他能夠訓練並且豢養一種破壞同盟罷工的軍隊。　凡同盟罷工或能得到特種的改革。　礦工的總同盟罷工或能得到一種最小限度的工貨。　鉄路工人的總同盟罷工或能實現一種牽動全局的計畫。 兩國工人的總同盟罷工或能消滅一種迫在眉睫的戰爭。但是盎格魯撒克遜的工團主義者以爲總同盟罷工除掉能達到這幾種有定的目的以外，再不能依聯合的和忽然的攻擊去達到他們的目的。 在美國托辣斯(Trusts)的勢力太大，非總同盟罷工所能壓服。 在英國大家常常記着，當過去的時候，凡國民所得之經久的勝利，必是經濟和政治聯合一起的。

在這一章告終之前，還可注意一樁事實，就是德國的情形也表明工團主義到了一處，便將他的面目改變了。 照法國所指的工團主義講起來，德國在實際上沒有工團主義者。 德國的工人以爲他們第一種要件是政治的改革，不是經濟的改革；他們對於這種事實，感覺非常敏捷。 但是德國工團主義運動的結果已經發見一種討論所謂『政治的同盟罷工』(Political)之傾向。 這種罷工不過是一種參加政治行動的舉動罷了。 如果有一種復古派的政府，雖知道國會中有大多數的社會主義者，仍拒絕政治上的改革；那麼，爲什麼工界不應當擁入街市中，強迫軍隊出來，然後避去革命的方法，專用消極的抵抗去對待他們呢? 通通這些事體是能夠依照一個命令做到的，而一班工聯主義者是能夠依照命令復行散去，各回到他們的家中的。以上所說的。就是德國顯然表現勢力之工團主義理想所具的形態。這些理想表示一種可以實行之反對軍備的戰略。依照事實說起來，德國已經有了這種戰略，英國現在也有了這種戰略；我們於此又看見法國工團主義者已經將他們的主要理想之一種印入許多地方工界的運動中了。

## 第四章　索列和理論家 (Sorel and Theorists)

工團主義者不是同屬一類而不可分離的，這是曾經明白指示出來的。他們內中從初時起就有一個溫和派和一個極端派。溫和派的人小心謹愼，論調和平，有時還肯讓步。極端派的人自信很深，氣習囂張，時常偏於一面。但是艱苦的經驗既指出羅馬不是一天造成的，而野心很大的總同盟罷工又難達的主要的目的，於是極端派在工團主義者之中，漸次失去他們一大部分的威權了。尼亞是一個溫和的領袖，他一時竟做到勞動總會的秘書，老實說，極端派要是沒有這一章題目所指的那一小羣理論家的幫助，他們或已經大大地失敗了。

理論並不先於實行，這是不錯的。當一般理論家起來說明一種活潑潑的運動之希望時，必定已經有了這種希望出現。黑格爾(Heg l)說，『當哲學對於世間完了他的職務的時候，當時的一種生活狀態已經變成老朽了，他不能藉學說之力返老還童，他不過因此爲人所知道罷了。密列哇(Min rva)的貓頭鷹要到夜景密布之時，才出現於外。』但是這個哲學家所說的話雖是眞的，然理論一經出現，他在一種活潑潑的運動中便留下一種永久不滅的痕迹，這樁事也是眞的。理論可以截斷或限制這種運動。理論可以促起這種運動衝入意料之外的極端地方。理論能使這種運動所具的形態和思想家所想的一樣。於是這種運動不復有早夭的問題發生，他並且生長發達，具有一種固定的形態。工團主義的思想既經造成流傳於世，而一般有才幹的靑年便於智識的空氣中，找着這種主義的概念了。構成工團主義的思想所以流傳於世是由於法人索列，伯慈，拉夾得和意人拉不律阿拉(Labriola)之力。

在這四個人之中，索列或是一個努力最强和影響最大的人。他現時正在六十歲之間，住於波洛尼(Boulogne-sur-Seine)的一棟小屋子裏面。　在他一生之中，已有好些證據，足以表明他的心思是獨立不羈的，他的本性是多疑的，故他對於現已存在的各種勢力所承認之信條，總要發生疑問。　他自己告訴我們，說一千八百九十二年，他在政府中任職，但是遂着請求陞遷和得十字尊榮勳章之時，他不能使他的良心這樣『淪於亞維拿司(Avernus)湖之中。』　然他的爲人，性情是很慈愛的，他對於自己所最重視的主張，極專心固守。　他於一千八百九十七年喪妻，在他以後所著的書中有好些地方表示此事影響於他的身心是很大的。　自一千八百九十九年以後，他間或投稿於社會主義運動(Le Mouvement Socialiste)雜誌，這種雜誌對於表現工團主義所主張的理論，已經盡力最多。　然索氏在工團主義實際的傳播中却從來沒有參加。　他自己只努力傳播思想的種子，而這種東西遂在一般對於世事較他更爲接近的青年心中，發芽，生長出來了。　他或因此明白認清了自己的勢力和這種勢力所達的限度？因爲在他的心中一定有一種憤恨的甚至於不能調和的反抗之元素，使他在任何種自由的社會中，都是一個難與共事的人物。

索列第一次發生影響的著作物，就是一千八百九十七年所做的一篇雜誌論說，題爲『工聯社會主義的將來，』這篇著作遂使他成爲一個代表工團主義理論上見解的人。當這篇論說出版之前兩年，第一次勞働總會已經組成了，這個會是各工聯同盟會的混合體，自一千八百八十四年的條例公布後，這種機關是他的最先的出產物，故人人都想知道他這種出產物的將來是怎樣的。當時政治是很不滿人意的。巴拿馬 Panama) 事件的羞辱，官吏的失信用，和內閣的短命，都足以使政治生活和議會生活成爲一樁無價值的事。波浪轍將軍(general Boul nger)

（譯者按波浪轍爲法國人，生於一千八百三十七年，以富於政治上的陰謀詭計著名，然他却能引起羣衆傾向他的熱忱。他後來因蒙侵吞公款的罪名，逃出法國於一千八百九十一年在比京不律塞自殺。）

已經成爲巴黎羣衆所崇拜的偶像了。特列佛 (Dreyfus)

（譯者按特列佛是法國阿爾薩提亞 (Alsatia) 地方的猶太人，在法國礮隊當軍官。一千八百九十四年十二月二十三日軍事法庭發見特氏向外國洩漏國防祕密專件，遂處以十年徒刑。但是特氏自已常力爭他本無罪，後來大家都相信他是受了寃屈，遂有人替他請求復審，卒達到目的。復審係於一千八百九十九年八月六日起至九月九日止，結果法庭認爲無罪，於九日二十日將他釋出。然當審判進行之際，發見許多可恥可羞的情景，並且還有圖謀暗殺囚徒的辯護士之事，於是法國政治生活中的腐敗情形遂暴露出來了。）

案所暴露的黑幕將法國道德生活的泉源都敗壞了。索列的論說恰於此時出現，他囑附工人在他們自治的工聯中，形成一種組織，避去污穢不堪的政治陰謀，並且還須覺悟，他們的機關既不是有

工[illegible]出[illegible]

益的俱樂部，又不是協作的社會，乃是一種完全的有機體，法國經濟和政治的前途都胚胎於此。



索列所遇的時機非常順利。自他這本小冊子出版幾年之後，社會上各種事體，似乎都指明工人的救援不在乎政治。特列佛一案將法國官吏生活中道德上墮落的黑暗情形，都暴露出來了。社會主義者加入內閣，但是立法上的結果畢竟使工人的心中大大地失望。一般大著作家如亞丹(Pauladam)，墨博(Octave Mirbeau)，和佛朗斯(Anatole France)對於當時存在的各種勢力漸次不滿意。在這種喪失希望，發見黑幕，和人心擾攘的社會中，索列的一本小冊子在那個大勞動機關之前，似乎是一個加以慰勞和富於希望的『仁聲』。他這本小書告訴工人互相團結，必求達到勝利的目的。他這本小書獎勵他們拒絕腐敗的政客。法國從來的大缺點，和拉夾得所指的一樣，就在無組織社會的能力。法國和英美兩國不同，沒有自由組織的社會將一種補偏救弊的理想輸入立法部中。國家對於對敵的人絲毫不能容忍。主張官僚政治的人不能任一個政府之內復有一個政府(Imperium in imperio)。

通通這些情形此時正在變動之中。工人正在脫離國家的保護和羈絆，自己互相團結。勞動總會掌握法國將來的命運，也成定局了。

這種願意脫離國家保護和羈絆而自由結合的感情，因為是由當時的政治事件教訓出來的，故力量極大，把這種感情印入以後工團主義的運動中，顯然是索列之力。在此時的勞動總會中，每個工聯算一個單位，沒有一個工聯能算作一個以上的單位，這種事實就是由上面的一種感情發生的。工團主義反對官僚政治的國家(The bureaucratic state)，也是由上面的一種感情發生的。在政治生活更為清明平靜的國家中，完全工團主義的見解，必不能十分見信於人。工團主義的文學中，富於嚴格彈劾政治的狂熱，例如英國的工聯主義者要想引起這種熱情，就很不容易。英國社會主義者對於勞動界的政客或有失望之處。他或以為這個政客進了衆議院的吸烟室，對於傳播向來的理想，就不大熱心了。但是他卻不以為全部政治界的黑暗恰和半夜一樣。英國的「威斯明斯脫王宮將要變成一個肥料貯藏所」，這種預言，他除掉看做一種無何有鄉的新聞外，決不眞作此想。因此他和工團主義不同之點就在不從索列的一條主要誡律，而索氏這種信條的傳播，似乎也快要告終了。然索列活潑的精神却不因此而受挫折。　他於總同盟罷工的概念中，卽刻就發見一種觀念可以爲革命的工團主義任何種形態的集合點。　本書的末章指明在勞動總會中，總同盟罷工能隨溫和派或極端派的主張，而變出一種新局面。　一般溫和的人以爲有組織的同盟罷工，可以達到經濟上某幾種有定的目的——這種目的或爲斥退非工聯主義者，或爲得到一種最小限度的工貲，或爲承認工人的工聯——但是在這種風潮的底下，總有一種有定的經濟動機　反之，趨於極端的人以爲同盟罷工可以起於政治的或反對政治的動機——這種志願就是要推翻現社會的全體組織。　據溫和派的人看起來，總同盟罷工是一種達到經濟上目的的結合，這種目的是工人的全部同盟會所同具的；據極端派的人看起來，總同盟罷工是一種引起大家畏懼革命大災之有效力的結合。

工團主義理論家的傑作所鼓吹的事件，就在證明總同盟罷工是工人拯救自已最後的一種武器。　就大體講起來，因達經濟上的目的而起的總同盟罷工，從來沒有什麼顯著的成績。

要是將肩一聳，捨棄這種罷工是不可能的。 要是將同盟罷工時期中所損失的工作時間，精密計算起來，然後錄在一起，藉以反對工人的主張，恰和一個司記錄的天使於世界末日編他的罪惡史一樣，這是不十分適當的。 各國研究同盟罷工的統計家確鑿指出大部分孤獨的同盟罷工都有所成就。 這種罷工所犧牲的雖極大；然他畢竟能改良工人的命運。 但是一種普遍的同盟罷工第一就含有一種很普遍的熱忱。 各業中大隊的工人當罷工命令一發，就停止工作。 這種罷工卽使大體順利，然結果只能得到一部分的勝利，總不能和當時的努力十分相等。 因此便發生失望和懊悔之事。 因此工人的精神抑鬱成狂，便發生詛呪和新暴動之事，因此到了罷工以後，大家都相信普遍的同盟罷工這種新武器不能早早地開了世上一張幸福的門，使工人得入內享受幸福。

索列和一班工團主義的理論家反對這種傾向，不遺餘力。 他們挾有智識上充足的訓練，證明總同盟罷工是正當的。 他們引用康德(Kant)和柏格森(Bergson)的話來維持總同盟罷工。 他們表明總同盟罷工這種概念比較考茨基(Kantsky)和他以後所謂門徒的議論，更近於馬克思主義。 他們反覆宣布總同盟罷工是革命的工團主義一種眞正顯著的概念。 他們將總同盟罷工和一種强暴的哲學 (philosophy violence) 連結攏來，這種哲學的題例是無偏無頗，從早先的耶教史和法國革命事蹟中引證出來的。 現在將引導他們走入這種途徑的思想進程概括指明出來，也許有一點趣味。

索列和伯慈說，社會的改革不能靠他自己定數的進化。 馬克思因爲住在英國，故爲人所誤。 他在英國聽見一班經濟學者所宣布的是放任主義。 『人各爲己，落後的就遭殃，』這句話正在把英國引入一個歡迎忻鼓舞的筵席上。 李嘉圖 (Ricardo) 的『經濟家』(Econ-omioman)（譯者按此處所指的『經濟家』是一個想像的人物，他的行動唯一的動機和激勵物，是屬於經濟方面的，如自利和以最少的勞力得到最大的利益等都是。）雖似乎是苛刻，並且不可測度，然他究竟是一個祝福的預言者 (a Balaam)。 換一句話來說，馬克思對於過去資本主義的措置失當，雖抱一種悲觀，然他對於將來的期望却抱樂觀。 凡小規模的事業一定變爲大規模的事業，而大規模的事業此時就由自己的自由動作，預備一種使自己滅亡的方法。 此時一樁要緊的事體就是無產階級應當互相聯合，當國內各種實業落入他們的手中之際如從天上降下的美食一般，他們須預備接受這種吉祥的禮物。共產黨宣言稱贊無產階級逐漸公然聯合而不復作祕密結社的事實。第四階級只要懂得這一着，他們所要得到的東西，就非常之多。

工團主義的理論家雖宣言他們自己比馬克思派的人更近於馬克思主義，然他們却漸次跟着馬氏對於將來抱一種樂觀主義。要醫好政治團體的傷痕，不是這樣快迅的。須有高明的醫生辨明病症，開出藥方。在社會能夠改革之先，工人必須預備努力和各種生生不息的病症宣戰。伯慈和康德宣言，能見諸實行的推理是至高無上的。索列讚美一種實行動作的哲學。伯索兩氏都以爲馬克思對於將來的需要如果具有一種悲觀的精神，必定受益不淺。

現在社會生活已經漸次墮落了。當雇主已經失去進攻的決心，而工人已經失去了他們革命的精神之時，要喚起以前那種雄壯的氣概和熱忱就不大容易。當馬克思的時代，雇主抵抗工人絲毫不肯讓步，而放任主義的勢力眞正是在實驗之中。在我們這個時候，雇主或盡力和工人議和，並且自己退讓，所以階級的界限定會消滅，而工人戰鬥的精神也定會下降至於無能為的地步了。

工聯主義者此時卻被總同盟罷工的呼聲從這種悽慘失望到極處的地方，拯救出來了。總同盟罷工是革命的。 總同盟罷工是以推翻社會為目的的。 總同盟罷工是悲觀的。 總同盟罷工承認在將來的時候，要做好些艱難困苦的事業。 但是除掉認可總同盟罷工破壞的可能性外，你怎樣能夠更稱他為正當呢？ 你能夠推翻舊世界，這是不必疑惑的，但是你一定能夠擔保在零落不堪的舊世界上建築一個新世界麼？

法國工團主義的理論家遇着這個進退兩難的地方，都求援於柏格森的哲學。 為什麼你要對於建在零落不堪的舊世界上之社會，作一種理論的記載，藉以證明你的總同盟罷工為正當呢？ 為什麼人家要希望你知道建在你所想望的新耶路撒冷地盤上每個廟的位置呢？ 你向你的思辨中創造出來，寫在紙上的知識，究竟不是最完全的知識。 思辨是游移的，並且是有限的；而使我們得到圓滿或完全知識的是直覺(intuition)。 索列說，『如果同盟能工以一種別樣思想方法不能描寫之精密嚴明的界線，將社會主義的一切熱望，完全表明出來，則這種罷工能夠加以擁護。』 這位預言家於此處似乎流於唯理論（rationalism），我們自然要說在擁護同盟罷工中所標出之精密嚴明的界線，對於繼着同盟罷工成功後而起之時局的圖形，也應當適用。 然索列現在却完全居於柏格森庇護之下。『同盟罷工已經使一般人民的心中發生種種最高尚的，最深切的，和最富於吸引力的動機；然把這些觀念集成一幅總圖形的，還是總同盟罷工，他把通通的觀念合在一起，遂使每種觀念的勢力能達到最大的限度。 我們因此得到社會主義的一種直覺，這種直覺是語言文字所不能明白表現出來的，我們所得的直覺是全部的，是完全沒有時間上限制的。 老實說，這就是柏格森哲學的完全知識。』

採納這些理論家這樣精細見解的人，自然不是所有從事工團主義運動的人。 在巴黎每條街角上，你並不看見一個赤條條的柏格森信徒。 在實際上，我們如果把本書末章詳細說明之工團主義的實際行動記在心裏，然後將他和工團主義的理論互相比較，便知道實際行動所取的道路是依着自己之方向的，他差不多使理論沒有替他分析或解釋的餘地了。 例如在工團主義的實際行動中，『薩博特池』占着很重要的位置。每一次工團主義的同盟罷工總是要努力引入曾經說過那些可怕的薩博特池之方法的。但是索列和一般理論家却厭惡薩博特池。他們以爲承認做出不完全的或損壞的工作物，就是否認工人最高貴的能力。在工作中故意遲延不進，就是表示工人不配從事社會革命。第四階級在總同盟罷工之後，如果有能力做事，他們就當和索列所指的一樣，把社會重建於自治工廠的基礎之上。但是他們如果習慣於無用的工作，他們怎麽能夠做這種改造的事業呢？有些工業已經飽嘗過工業革命勢力的滋味，工團主義者是要在這種工業之中尋出他的重要的門徒，然你若不時時盡你的能力做出最良的工作物，因此養成一種習慣性，你怎麽能夠成爲一個性情善良和技術純熟的工人呢？

工團主義的傳播者於這種重要的方面沒有信從索列的方法。老實說，實際行動的工團主義初次的衝動前進，並不是一般理論家之力。他的出現在索列之先，他的主要原則——使用暴力，反對軍備和反對愛國的偏見——都是由當時法國特別的環境逼迫而成的，這是曾經說過的。但是一般理論家對於總同盟罷工的意思，極言其重要，並且把總同盟罷工躋於工團主義的一種主要教條之列，他們因此於實際的運動上眞正已經有了極大的影響，這也是曾經表示過的。這種說法並不是指現在的工人，當同盟罷工之際，個個癡信新耶路撒冷就在眼前。照工人的活動中最顯著的動機看起來，他的心中或抱有卽時達到某種經濟上利益的希望。索列將總同盟罷工之革命的觀念，渾入智識界的空氣中，工團主義運動更熱烈的精神便發生出來了，自此以後，在第四階級大部分很嚴重的騷動中，這種觀念常於隱約之中成爲一種有拘束力的原動力。這種觀念已經予極端派的人以一種有力的援助，否則他們必被溫和派的人趕出來了。這種觀念已經使美國一般不顧危險的工人，出入炸彈之中，心中毫不畏怯。這種觀念已經使澳洲工聯主義的強梁之徒得以自信。一種破壞的政策似乎是一種最絕望的政策，但是索列若於證明當時最通行的大學哲學時，確實告訴你一種破壞的政策是可以擁護的，你這個人不過是被輕蔑的無產階級中之一分子，眞可不必出來表示一種特別慈愛的良心了。

索列以爲意大利必是一塊特別歡迎他自己特別傳道方法的地方；但是一個青年大學敎授拉不律阿拉(Labriola)在國中爲工團主義者的領袖，他的意見和索氏有好些重要的異點。他反對一班政客不像索氏那樣利害。老實說，他對於意國現在的政治組織唯一反對之處，就在這種政治將各種階級混合起來了，並且使社會黨得歡迎中等階級各種討厭的人加入其中

在意大利如果要組織一個無產階級的黨派，那麼，總要有幾分像英國的勞働黨(Labaur Party)拉氏才肯予以援助；但是他必定極力要求這個黨不把國家社會主義的計畫來作黨綱中主要的元素，因爲這種計畫含有中等階級熟練家的操縱手術。在實際上，拉氏是最喜歡激動並援助第四階級各種建設之運動的。這就是他的工團主義計畫的主要目的。他以爲柏格森式的總同盟罷工，和工團主義哲學上的悲觀主義當常居於一種極不重要的地位。

但是當各種事體已經說完並且懂清之後，我們於這一章之末，務必轉入一種問題上，就是，工團主義理論家的見解眞正嚴重的方面，是他們的輕視道理這一樁事。在法國派青年的心中，這樁事差不多變成了一個壟斷者。拉夾得在一個政治預備會的措施中，便看見道

理所伸出來的分趾蹄。　伯慈和一班無政府主義者分離，因爲他們是以黑格爾(Hegel)，和叔本華(Schopenhauer)做靠背山的，他們宣言自己是自由思想家和無神論者，他們自信是很合道理的。　新工團派的哲學對於宗教並不仇視。　這種哲學並且還尊重宗教，因爲宗教是以直覺世事的奧妙爲基礎的，這種直覺世事的奧妙也是工團主義學說的根據。　所有工業上傳播主義的目的，應當使人民回憶以前耶穌時代或法國革命最盛時代那種具有英雄氣概的犧牲精神。　換一句話來說，當和衞柯(Vico)所說的一樣，你的進步有時是要返轉走去的。因此近來工團主義的傳播者把每樁事體都看做流動不定的。　在他跳之前，他不用跑了。在他對於零星碎片的直覺之命令，自暴自棄之前，他無須把自己關在書房裏面，將他所進行之事，列成一表加以考究。　一種大爆發的觀念在普通一般人的心中，有極大的魔力，這是顯然無疑的。　每個報館副編輯人於刊行和發賣報紙中知道一樁汚濁流血的事體所具的魔力

每個研究社會學的人知道一種戰爭熱所具之恍忽迷離的勢力。　從一方面看起來，索列之重視總同盟罷工的神祕，不過是將近世新聞業中好些經驗加以推廣罷了。　你若將一種大

災禍形容出來，對於感動人心，最有效力。　但是從他方面看起來，索氏之重視總同盟罷工的神秘，在第四階級近來的全部歷史上，是一種最嚴重的和最惡毒的影響。　因此把一個有能力和有反省力的工人變成一個無反省力和誤入歧途的大熱忱家了，他的心中總望有一個機會把鐵路的軌道損壞，或是把電線弄壞，替那黑暗大王助威。　道理的正途，和黑格爾所指的一樣，時常帶着許多痛苦，並且還要有極大的忍耐性；但是仔細想起來，道理這條路終久將引導第四階級達到勝利的途徑。

## 第五章　工團主義的幸福時代(a Syndicalist Millennium)

工團主義的理論家不能誘導一般實行傳播這種主義的人，盲從他們的議論，這是顯然易見的。　理論家對於實行參加戰鬥的人有一種遠大的利益，這却是眞的。　理論家將他的思想寫在紙上，他所寫的話就留在世間了。　工團主義的各種小冊子被人譯成外國文，流傳各處。　各種新聞紙和定期出版物引用特別的工團主義論文。　一般有思想力的工人應用新思想的方法，理論家對於少數極端派的人似乎發生一種不良的影響，然他却可眞正開出一條路，使每個下級社會的人完全變更向來的宗旨。

但是這樣的一種時代還不會出現；第四階級中有效力的工團主義運動，我們曾屢次說明過，大概是依自己所取的方向進行的，有時他雖從一般理論家採入一些觀念，然他的進程大體還是由他在情形極相反的地方，所遇着的實際局面決定的。所以這種運動在法國就受了厭惡中央集權的行政和厭惡精疲力竭的政治制度之影響；而在澳洲，美國，德國，意國和英國，就他現在影響我們的工業情形講起來，他却有種種特別的發達。所有工團主義者的思想都帶着一點國際性質的彩色；但是除此以外，他們革命的方法和態度，便隨各國的需要和社會發達的情形而各不相同了。

就是在法蘭西國內，索列和他的朋友也不能將勞働總會攫爲他們的所有物。如果有一篇帶着索列哲學彩色的論文出現，那麼，這種論文總是說，你不要把將來的事情，試爲計畫出來。索列對於這一點並不時常十分一致，這是不錯的。在他的著作的許多節段中，他好像把尚未出現的幸福時代中在工團主義的工廠作工之熟練工人，拉雜描寫出來了。但這些節段不過是偶然流露出來的罷了。就大體講，他是藏在柏格森庇蔭之下的，他時常警告一般陷入迷魂陣中的夢想家和第五王國黨徒(Fifth Manarchy men)（譯者按第五王國黨徒是清淨教徒革命時的一個極端教派。他們希望耶穌在地球上組織新國，繼承丹尼亞爾(Danniel)的反對耶教四大王國之後。）莫作妄想。

我們曾經說過，鮑集和泊都是勞働總會的戰爭派中主要的靈魂，他們常着這種警告進行很力的時候，公然置之不顧。他們已經努力引導我們走入一種工團主義的幸福時代，然大家時常埋怨工團主義者沒有建設的觀念，現在最好費幾頁紙將這一點說一說。此處所說之工團主義的觀念，自然不過是些抽象的，讀者如果願意知道詳情，必須參攷紀述這些觀念的原書。

「勞働革命第一」次的怨謗聲起於建築業中。凡空氣中平靜之時，似乎是一種暴風雨將至的預兆。當日間過去了，一種憤怒和報復的精神似乎把同盟罷工的人驚醒了。政府派出軍隊，而工人就在防禦物的後面戰鬥。雇主和工人中間的裂口便愈弄愈寬了。正午的太陽照在反抗者的四肢上，並且似乎使人民重新振作，勇氣復增。在工人區域的各珈琲館忽然得了消息，說他們自己階級中的人有好些被軍隊槍斃了。這就是第一次偶然的大變亂。從此以後，工人隨便在什麼地方遇着必談及這一次戰爭中初時遇害的人。

這樣的談話把革命的範圍推廣了。鮑集和泊都說，『社會的大變動和生物是一樣的；這種變動初起於一個很小的細胞，漸次愈擴愈大。』同盟罷工之事，層出不窮，當雇主一旦採用封閉工廠和解散工人的政策時，他們所得的唯一的結果就是，把以前許多遲疑不決的人都趕到變亂的隊伍中去了。在巴黎地方，即刻便有十萬工人出來遊街。各省也覺得這種傳染病的勢力了。同盟抵制和薩博特池的消息滿城都是。政府的態度猶豫不定，他不願意射擊同盟罷工的人，他看見這種變亂的實力和精神，心中恐慌起來了。

同盟罷工的人在軍隊擊斃他們同胞的地方，舉行遊行大會，在這次革命中這是一種顯著的情節。當日早已有了一種暴風雨出現，後來又是寒風刺骨，遂使大衆發生種種沉悶的和憂鬱的思想。巴黎城中各工界的集中地點都送有花圈，他們將這些花圈集成一大堆，作爲祭奠他們死難的同胞之用。當時的人民對於軍隊，並不畏懼，這是一個顯著之點。當勞働總會向全城宣布一種總同盟罷工之時，羣衆顯然是預備實行這種罷工，絲毫不放鬆一步。社會革命現在眞是免不掉了。

勞働總會的執行部將布置這種革命的事，歸自己親手掌握。他指揮他的執行人跑到勞働界集中地點去，接洽一切，並且派許多人分駐於交通路線的要害之處。舊式革命的人和反對軍國主義的人都來到勞働總會，願盡力幫助。反對軍國主義的人特別努力幫助。政府正提議將軍隊作爲工業中的工人，而一般反對軍國主義的人便時常徘徊於兵營的地方，一遇見了兵士，就將時局的情形告訴他們。無論在什麼地方，若有願意作工的人正在作工，大隊的羣衆便向那個工廠前進，雖監工人努力反對，他們也不管，他們擁入園牆之內，將鍋爐熄滅，他們用『和平勸導』的方法，登時把願意作工的人誘到革命的一邊來了。

巴黎的上等社會此時覺得很不舒服。而勞働總會對於增加他們不舒服的程度之事，精密進行，不遺餘力。一般掃除垃圾的人，在工界所住的區域內，仍照常作工，但是他們却被禁止靠近巴黎權貴居住的地方，這種禁令是很森嚴的。大堆腐爛的垃圾，堆在許多貴人宅第的後面，使空氣汚濁不堪。一般花花公子沒有音樂隊或賽馬之徒供他們的賞玩了。街上的電車馬車和地底的電車全沒有了。而揑麵粉的槽中，却被注入了好些煤油。各種軍隊拚命向各處移動，但是他們剛才壓服一處地方的薩博特池，而別處地方這一類的事情又馬上出現了。

各上等階級仍然懷着奢望。他們的生活漸次不能堪了，但是他們仍然相信政府一定能夠壓服叛亂，再恢復以前的安樂情形。當局關於煤氣和電氣供給的事業，雖竭力預防同盟罷工和薩博特池的舉動，然這種舉動必竟出現了，於是他們的心中對於將來的結果才初次真正發生一種疑問。在日光或電光之中，具有一種勇敢之氣是容易的。但是當四週和外部都是黑暗沉沉的時候，陰鬱的思想便跟着出現了。巴黎上等階級到了半夜便覺得他們的蹇運了。

自此以後，生活上主要的必需品也一件一件減少了。鐵路停止開車，郵差和電報司機人停止工作。當政府派出軍隊保護他們的忠實工人的生活之時，那些罷工的人就肆行薩博特池的方法使各種工業都不能進行。　政府因受了這種阻礙，激而生怒，就想把勞働總會的首領拘捕起來，但是却沒有地方可以尋着一班叛亂的主腦。　當工人替死難的人舉行葬事之時，有一種示威的大遊行運動，人民從四處來集，組成一個大密集陣，這是警察之力所不能衝破或驅散的，也是軍隊之力所不能衝破或驅散的。　人生差不多沒有生活的價值了，文明也要消滅於渾亂之中了。　當新聞紙一旦停止出版，這便是一種最後的和最慘的打擊。　那些討厭的上等階級究竟怎麽辦呢？　生活的奢侈品已經沒有了。　生活的必需品也難得到手了。　他們的四圍盡是汚濁的空氣，他們的家中裝飾雖很精緻，然到了晚間。便伏在一個黑暗的上層房子裏面，他們除掉恐怕收得不良的結果外，還能夠做一點事麽？

工團主義的幸福時代一直達到這種地步，是十分獰惡可怖的，這是不能否認的。　他那種破壞的本能，力量偉大，是不容疑惑的。　他籌畫種種不便利的新方法，擾亂一般貴族和政客的安甯，他於此事所表現之豐偉的發明力，實令人驚訝不止。　但是破壞的事業此時既已盡力推行，達於極點，於是勞働總會便覺得建設之必要。　一個安樂的都城必須新建於零落不堪的舊城上。　想望工團主義幸福時代的人恰於此處將他們的缺點暴露出來了。　他們僅於假定沒有困難和障礙物之處，才有所成就，然這些困難和障礙物，他們於實際的事業中，一定是會遇着的，並且還是很利害的。

第一，一個美國的著作家如耶克倫敦一定要爭論，說這種事業初次的小戰是能夠這樣容易勝利的。　在工業革命已經充分實現的國家中，他們對於一班破壞同盟罷工者和平克頓（Pinkerton）警察的出現，有了種種不安甯的經驗！　第二，大家當記着，薩博特池的方法在革命時是有用的，然濫用這種方法，於重行建設時，便難挽回了。　如果巴黎的機器已經毀滅了，他的交通路綫已經破壞了，你怎樣能夠在一個破碎的舊城上即刻造成一個新城呢？

然想望工團主義幸福時代的人却從不失望！　他們熙熙攘攘，從事於建設工團主義的「聖城！」　他們承認在他們四週的景況都零落不堪了。　那些富人已經逃往鄉間去了。　那些財政家覺得他們事業的大勢已去了。　傳遞世界新聞的報紙也沒有了。　只有兩種機關仍然存在，一是職工公會，他是將來市區的幼芽，一是勞動總會，他就是國家——（說起來真奇怪！）　他好像是一個官僚政治的國家——這種國家現在擔負指揮法國的命運。　工團主義既沒有顯著的信用，而人民無論老少又現出驚慌之色，可憐的工團主義者怎麼能夠動手做事呢？

飽集對於此事，卻毫不懷疑。　他的心中所記憶的是克魯泡特金（Kropotkin），他所主張的第一件事是『麵包略取』（Conquest of Bread）。　一般協作者初時盡力製造並且供給麵包；但是當這種供給證明不足之時，羣衆遇着糧食貯藏所，就據為己有。　麵包店，屠店，和雜貨店都落於工團主義者的手中，當革命時雖損壞好些什物，然建設新制度所需的各種東西，仍是現成的。　豐足的食物分配預備即刻開始，起初分給病人，然後分給同盟能工的人，　工聯中人和非工聯中人在這種分配中，都有一分；如果富人要什麼好的東西，他們就當照市價付錢。

但是當這些時候，舊政府到那裏去了呢？　這種政府所遇的不幸之事，層出不窮。　起初軍隊畏卻不前。　如果軍隊前進去對付同盟罷工的人，他便遇着一種消極的抵抗，男男女女團着兵士，發怨言，訴苦衷。 後來國會被他們侵入了。 左翼的社會主義者心懷憤恨，當時有一種動人的紀述，描寫一個有力的演說家——顯然是柔萊（M. Jaures）——作一種很流利的演說，使他的黨和新現狀互相調和。 到了最後——在幸福時代的榮幸中這是一個最顯著的情節——各種銀行也被占據了，然法國經濟上的信用仍是和向來一樣好的。 人人知道安格爾（Norman Angell）曾驚嚇我們，說只要有一點兒戰爭的風聞，信用就會一落千丈。在社會革命之中， 却不是這樣的。 當那個時候，社會雖然解體，然外國還是收受你的票券，而存款的人於取款時還是有求卽應的。

但是我們對於這種工團主義幸福時代的故事，也沒有更加詳細討論之必要。 這種新運動在破壞一方面，關於他所用的特別方法之報告是很多的；在建設一方面，便和穆爾的烏託邦（More's Utopia），摩里斯的理想國消息（Morris's News from Nowhere），伯拉密的回顧（Bellamy's Looking Backward），佛郎斯的白石（A. France's white Stone），或衞爾斯的空中戰爭（Wells, war in the air）這一類的學說相似。 新政府使需要和供給，兩兩相等，將令人驚訝起來。　他以免費的教育貢獻國民，從小學校起至大學校爲止。　他應各人的需求，以生活必需品分給他們。　他制定八點鐘工作制，和養老金制，凡年滿五十歲的人可以領取此項津貼。　他重新規畫市鎮的改革事業。　他使各省變更宗旨，歸附他這一邊。當憤恨交集的外國君主派送訓練純熟的外國軍隊來攻襲這個工團主義烏託邦的時候，勞動總會起來盡力抵抗，他藉着黑齊亞光線（Htrtzian rays）之力，把外國軍隊都殲滅了。

然這種計畫將各種困難之點，都用心避去，這顯然是一種幻想的計畫。　例如勞動總會的執行委員會會員，究竟怎樣選舉呢？　他們在將來又怎樣選舉呢？　以前的工團主義者詛呪那種討論代議政府困難之點的政治學，現在能夠籌出一種選舉方法，不致遇着這些困難麼？　或者這個使需要和供給相等的勞動總會不致成爲一個變名的舊式專制集產主義和官僚政治的國家麼？　他不將政治熟練家的法度包含在裏面麼？　我們不致受各種勢力所發布之命令的迫促，和似前一樣絲毫不肯遷就麼？　工團主義幸福時代主治者的專制，和以前的人一樣，這是毫無疑義的。

據實在情形講起來，這種企圖是由勞働總會兩個著名的祕書，不顧索列的忠告，要實行計畫將來而起的，這殆不能稱爲一種顯著的成功。這種企圖關於破壞的方面，在工團主義革命的方法中已經表現出來了。我們聽見急跑的脚聲。我們看見街上殘暴的殺戮。我們聽見機器的破碎聲。我們看見巴黎夜間和一個北極地方的夜間一樣。橫暴的哲學於此處找着兩個很好的實行上之代表，但是當他們從橫暴的行爲轉入重行建設一途，就好像安脫亞斯(Antaeus)（譯者按安脫亞斯是神話中一個巨人，爲地球之子。當他的脚站在地球上他就很强健；但是他若昇入空中，他即刻變成軟弱無力，和水一樣。）從他的母親地球上乘着一個氣球，在空中飛行一樣。

## 第六章　工團主義的意義(The meaning of Syndicalism)

工團主義顯然是一種重要的大運動。他的根抵深入於有史的過去時代深奧之處。他還沒有充分顯出他在將來成功的程度是怎樣的。現在所確定的是，他對於世間種種主要的傾向——經濟的，宗教的，政治的，和哲學的傾向——不論是否表示同情，多半與之互相結合，而我們這個特別時代中許多有思想力的工人對於他的主要意見所發出來的聲響，都側耳靜聽。

在這本小書完結之前，將工團主義終極的意義這個問題，仔細考究一番，也許有一點趣味，並且得到一點教訓。工團主義對於他的學說的各點，究竟不是連貫一氣的，這是我們屢次看見過的。當十九世紀的後半期，法國政治和經濟的特別情形，逼迫許多有思想力的工人構成種種觀念，而工團主義許多主要的原則，就是這些觀念的混合物。這些觀念有多少是粉粒，有多少是粃糠呢？換一句話來說，工團主義的元質有多少是一時的，就是由世界歷史中一種特別時期的特別情形而起的，又有多少是普遍的，就是受歷史的精神之支配的，這種歷史的精神，即哈德（Hardy）所稱的『永生不滅之總統』（The President of the Immortals。）

我們現在開始論及這個問題，可以把本書第一章所述之工團主義普通的界說再想一想。這種界說可分爲兩部分，第一部分講實行的政策，第二部分講基本說。實行的政策所說的是，在工聯政府，或如法文所稱的工團政府之下，由各工聯或工團的行動去實現一種幸福時代。基本說所說的是無產階級或第四階級的幸福時代只能由第四階級自己獨立的和强迫的努力造成出來。我們對於這種界說，作一種盡量的分析，便將覺得實行的政策含有工團主義計畫中特別的元質，而基本說含有工團主義計畫中永久的和普遍的元質。

工團主義實行的政策必定是有限制的和特別的，因爲近世工聯的性質和組織不適宜於實現一種社會幸福時代之用。工聯是一種經濟的組織。他是由經濟地位相同的男女組成的——就是，他們都是些在別人指導和管理之下作工的傭工。他的目的是於工業的全部生產物中用工資的名義，替工人求得充分的酬勞費。他不能從管理上的相當報酬，或所用之資本的通常利息獲得這種東西。他明分是斷定資本階級有一種『不勞而獲的收入，』並且斷定這種租金或類似租金的東西，是增加工人工資之一種正當的來源，他時常以爲工人的力量十分充足，可以使其所要求的事件，令人注意。最後添說的這幾句話是很有意思的；因爲不能承認人心的慈善就是經濟行爲的特質——他不許各相異的階級爲公共利益而自由協作。經濟競爭是一種物質上財富的競爭，或是一種可用分開的價值表出之幸福的競爭；如果一個人據有他所求到的錢財，別個人常因此更加窮困。『我的兄弟查爾斯 (Charles) 和我都要那種同樣的東西——就是，米蘭 (Milan)』。相傳法蘭西王自己這樣向英皇查爾斯一世(Charles I) 說：由這種重複的志願所促成的乖離現象在雇主和工人彼此經濟事業的範圍中，隨便在何種場所，是一樣出現的。

這種現象顯然是如此的，也不得不是如此的。社會的組織，在經濟方面，是不能在地球上實現一種公正之制度的，或使大多數人滿意的，或使獅子和小羊能夠和和平平聚在一處的。凡資本家所思量的，都是以金錢勢力的要求爲準則的。美國有名的經濟學家維布靈(Veblin) 教授說，『據他的意見，生產的主要之點是使出品可以銷售；使出品變成金錢的價值，不是要出品適合於人類正當的需要。』公司中的發起人如果遇着兩種發明置於他的面前——一種發明足以增加一種危險的職業中之出品，但不致增加生產費；還有一種發明或較原來的方法沒有什麼更大的利益，但是以前有損於工人的康健或生命的工作。現在可用機器代替，他對於這兩種發明，因爲向經濟方面設想，一定只喜歡第一種發明。雇主和傭工在經濟方面彼此對峙，好像兩個戰士立在戰場上一樣。各人都要盡力壟斷金錢上的利益，各人因爲要盡量攫得這種利益，似乎都願意出於暴戾恣睢的行動。

工團主義在他的實行的政策中所以開始便斷定雇主和傭工互相對峙於一種拚命的，及不能和解的爭鬥中，就是因上面那個緣故。他因基於各工聯經濟上經驗的理由，不得不如此說，而他將來的希望就在各工聯的身上。一個工聯是一個因戰爭而組織的協會。在英國的工聯要求法律上某幾種的免許特權，因爲在戰爭的狀況中，民法退處於無權，而各中立團體唯一的目的是在保持一種嚴明的界限，對於相爭的兩方都不予以便利。工聯在名義上是一種自由結合的協會，近世民主主義許多預期的方略，是在工業發達的粗淺經驗中構成的，衞布 (Sidney webb) 對於這些方略已經給了我們好些有趣的理想的紀述。然當工聯一經宣戰，這些夢想都忘記了。戰爭是一樁嚴酷的事情，就是一個民主主義的工聯，也不能改變戰爭本來的面目。工聯的執行部支配戰鬥的行爲。於是一個秘書長或別的主要人物在勢力或影響上便變成一個『超人』。如果有一個工人不服從工聯的命令，他就被抵制，受侮辰，有時還還大害。如果有一個人不肯加入工聯中，他就要受別人的『勸導』，而這種勸導非常粗暴，在理性上是很欠和平的。現在必須再申明一句，當事者所以出於這種行動的理由，是容易說明的。戰爭中的叛逆必須處以極刑。因爲一個不忠實的軍官或致陷全軍於危險的地位。當法律爲最強暴者之法律時，則經濟戰爭在人類活動中是屬於一個最初的時期，而政治對於人事的主張，要想稍微有一點影響，也是不行的。

工團主義者因爲要保持他對於一種不能調和的工業戰爭中經濟上的學說，故不得不取一種仇視政治的態度。政治就是指某處地方各階級的男女聯合攏來執行那處地方的『公意』，並且將這種結果加入行政和法律各制度中。政治鼓勵討論和爭議。他對於意見的紛歧，殆不能加以指摘。他以爲社會中各階級和各黨派的利害並不完全相異，必不致使國會的種種策略和條例，不能得替公衆謀幸福的各派代表之贊助而通過。這種情形似乎和工團主義實行的政策所據之基本說有不相容之處。他不承認工團主義的『階級戰爭。』他不相信雇主和工人定要戰爭到底。他不認可同盟罷工爲無產階級戰爭中唯一的或最有效力的軍器，我們在本書第二章已經看見過，合乎近世工團主義這個名詞所指的第一次民衆大運動廣以起來，是由於一千八百三十二年的改革案不能即刻實現大家心目中政治上的奢侈慾望。

現在我們似乎靠近近世工團主義原則的根本上了。　工團主義起於一種反對政治的成見，當他在近世法國變成一種勢力的時候，國中種種事情都足以鞏固他這種成見。　當時法國的政治生活不能令人稱許。　特列佛案使人心震動，就是那些願意即時助成一種集產主義之官僚政治的人，心中也十分震動了。　巴拿馬的羞辱事件，威爾遜的暴露事件（The wilson exposure），大總統開洛的故事（tales about President Carnot）——通通這些事件不是記在法國的政治史上，即刻便輕輕看過了麽？　法國的勞働總會是由各工聯構成的，而一班創造並且加入工聯的人，在變成實行活動的工聯主義者之前，就是些政客。　他們於一千八百八十四年代替各工聯向國家爭得一種自由憲章，他們對於做這樁事所需的時間和所受的勞苦，都有經驗。　他們在他們的歷史之初期，因勞働界紛爭的案件，遭國家軍隊的干涉，受了許多痛苦。　他們有時還要忍受着制服的警察監查員那種令人難堪的干涉。　因法國的特別情形和那種爲別國所不易發見的時局之結果，遂將初時工團主義煽動家之實行的政策大體決定了。

在工團主義的傳播中，這是一特別的方面，當研究勞働總會所抱的幸福時代熱望之際，還可更藉以襯出這一方面。法國的工團主義者所要實現的，並不是一種狹小的理想。他的目的是革命的；他的計畫是在推翻社會的全體組織，因此可以在零落破碎的舊世界上造成一個新世界。但是你藉各工聯的經濟作用怎樣能夠實現一種幸福時代呢？經濟是社會活動中一種最簡單和最普通的狀況。一個工廠的政府時常是專制的和獨斷的。解決紛爭的主要方法是鬥決法（wager of batti），而同盟罷工不是指將實現一種幸福時代，使大家都獲得適當的和合乎正義的報酬，但是指一個戰鬥者用困惱，饑餓或別的方法，强迫對敵者，使之爲無條件的屈服。當我們於本書第五章將工團主義對於將來的預見大體表出時，我們就不能不承認，關於工團主義建設的部分他是不合宜的，並且是不完全的。鮑集和泊都能夠忍心指出同盟能工的人怎樣可以壓制近世的社會；但是他們要忘却各工聯經濟上的限度，並且把各工聯變成集產主義的和政治的國家實際上之重複體，才能夠使各工聯成爲主治的機關。地方的職工公會成爲自治區的機關，而工聯的同盟會和勞働總會成爲新制度中的部分和中央機關。但是通通這些事件都含在政治問題的研究中，這是以前曾經指明的。職工公會任事的職員必須用一種方法選舉出來。勞働總會的中央行政員必須由一種選舉區選舉出來。凡民主主義的風俗習慣除非十分鞏固，則新專制家流於專制和獨裁，或更甚於舊專制家。老實說，他們於開始做事之時，便預先有了這種傾向；因爲勞働總會的職員從事於種種慘殺的戰鬥後，已經將舊社會殲滅了，而在這種戰鬥中得到勝利的工聯就可以獨擅無限的和專制的威權。然在鮑集和泊都的書中却沒有承認這種事實；因爲他們對於自己初時所持的論調，沒有細心考究，他們自已本承認是反對政治的，然他們却心滿意足，藉經濟的旗幟，去推行理論上的政治問題。

法國工團主義的理論大家——如索列，伯慈和拉夾得等——所以不預先說出幸福時代，就是因上面那個緣故。在實際上，他們因爲要能夠警告一般闖入這種危險境界的人，就借助於柏格森，這是我們已經知道的。他們以爲你對於將來所呈出的局面，此時不能以一種理論上的次序和發達，描寫出來。你對於招致大羣的工人達於勝利途徑的總同盟能工，可以發生一種光明的和熱烈的直覺，但是當你努力去剖解和說明他的時候，他那種黃金一樣的景象忽然消滅了，只剩着好些空泛的烟霧給你看。『當你問我的時候，我不知道他；當你不問我的時候，我深知道他。』這種說法就是工團主義理論家最後的論調，他比工團主義的傳播者如鮑集和泊都等，要更聰明一點，這是毫無疑義的。當一種純粹經濟上的變亂之後，你不能夠導社會入於幸福時代，這是屢次說明過的。要在地球上創出一種合乎正義的制度，你既不能捨棄政治，又不能省去合理的和有次序的努力和調查。柏格森的福音書殆不能使主張一種野心勃勃的和理由充足的改革之政治家及社會中抱有熱忱的分子心滿意足。

除掉法美兩國之外，各國有一種實際上的傾向，就是承認工團主義實行政策之經濟上的限制。近來無論在何處，雇主和傭工間的爭鬥，非常決烈，非常利害；這樁事多少直接起於工人中工團主義精神的傳播。在美國，澳洲，英國，甚至於德國，一種工業中的各工聯是連結一氣的，當爭鬥一旦出現，他所蔓延的地域非常之廣，他引起可悲痛的變故也非常之多。但是當一千九百十二年之初，不律斯柏(Brisbane)街車工人在城中突然發起一種總同盟罷工時，他們並不自高身價，也不倚靠政客的幫助。皇后領地(queensland)的政府向聯邦總理請求用武力壓制這種罷工，但聯邦總理既是勞働黨的黨員，大家自然容易猜想他的答覆必出於否認。所以澳洲的工團主義者的確不能像法國工團主義理論家一樣，採一種反對政治的態度，門恩之工團主義的概念雖有澳洲的經驗在裏面，本書第三章之末在實際上已經指明，他不否認政治和國會的行動所占的地位，他不過以這種地位是屬次要的能了。在法美兩國却不相同；因爲在兩國的政治生活中有種種特別的情形，足以證明一般有思想力的工人不願意將他們傳播主義之最終的勝利，或實際上的效力，拚在政治的變動上是狠對的。

在實際上，工團主義在各處地方並不常採同一的政策；但是法國工團主義的事實和學說之影響，終有使世界工人所持的方法與之同化的趨勢。今特舉一個例，在英國發行的工團主義者（The Syndicalist）第一號極力向兵士鼓吹，勸他們過着同盟罷工的事件，不要服從長官的命令。　政府因這種犯罪毫不審愼，把門恩拘入牢中；皇室的執法官只要稍微一回想，便知道這種鼓吹事業不過是應用外國工團主義的概念於種種情形不十分相同的狀況中罷了。你對於關在營房內的徵兵，鼓吹你的主義，或可收得幾分成效。　因爲他是從從田間，帳房或工廠中出來從事軍營生活的。　他或者已經念過講工團主義的小冊子；或者他的同伴中有人利用閒暇的時候，向大隊聽講的人講演工人將來的專政事件。　但是一個應募而來的傭兵，情形使大相同了。　凡應募的人大概不是從那些競談社會問題的職業中出來的：當一個人以當兵爲業，以得錢爲他服兵役的條件時，他似乎不能像一個徵來的兵一樣，容易爲工團主義所引誘，因爲一個徵來的兵以服兵役爲他的工業生活中一種强迫的和討厭的事業。　工團主義的特別政策因一般理論家和他們門徒的宣傳，遂移植於各種情形極不相同的地方，我們於此得了一個移植方法的例證；在很遠的將來，這樣的移植或將愈加發達，但是這種事實不足以使工團主義實行政策的制限和特點之減少。　工團主義者要藉經濟之力去完成一種經濟所不能完成的事業。　他要以暴力去實現一種幸福時代，然就是工團主義的隊伍中最强健的人也不能夠藉完成這種危險的事業去達到他的目的。　在這種情形之中，他或是壓下他的烏託邦方面的議論，自儕於工業中工聯主義者之列；或是肆行種種更殘慘的同盟抵制，和薩博特池等方法，踏在大羣殘廢工人的背上，藉以求得達到工業天堂的道路。

以上種種批評應用於本書第一章所說的工團主義實行的政策上，却很適當，但是當我們論及工團主義的基本說時，情形便大不相同了。　工團主義在這一點上是很强固的，他將來還要愈加强固。　工團主義在這一點上和第四階級共同前進，經過好幾世紀，他的勢力和影響愈加擴大了。　替工團主義的基本說下一種界說而冠以『强迫的』這個形容詞，足以使人注意於討論工團主義實行的政策時所指出的那些制限，這是不錯的；但是以此和工團主義鄭重的宣言相比較，這便是一件無關輕重的事體，他的宣言是工界或第四階級保持正義唯一的方法是由工界自己獨立的努力奮鬥。

所有人類的歷史都證明工界在社會中因求達於某種平等的地位努力奮鬥。　在以前的東方帝國，古代希臘的武裝共和國，以及中古的黑暗時代，工人陷於一種略微變形的，而又時常難堪的奴隸境遇。直到十九世紀之初，普通人民才似乎有一種脫離羈絆的希望，而當時所以有種種激刺，鼓勵一般人民，都是工業革命之功。這種經濟上的大運動，在工廠制度的專制政府之下，將無產階級都集中起來了。因此他們才有了一種多數人的感情。因此他們才有了一種羣衆的熱忱。而一個人的知識因和同業中的他人在勞働中，日日接觸，遂輸入他們的腦子裏面了。於是第四階級的精神遂大大地煥發了。近幾年來，俄國發生革命，已經失敗了；工業革命在馬斯科維特帝國（the Empire of Muscovites）中還沒有完成他的工作，俄國革命的失敗多半是由於這種事實。俄國的工人只在幾處大工業的中心點就集中於各工廠中，而在大財主的產業中作工之孤立無援的工人到處都是，這種人既沒有團結一氣，在世界史中，頗難做一種偉大的或經久的事業出來。

自二十世紀開幕以來，第四階級中的乖離現象仍甚顯著，大家遂稱他爲勞働界的波瀾。羅斯金（John Ruskin）有一次曾說，他每次走到戲園，他的心中就驚訝起來，爲什麼第四階級不把各種界限和欄柵，一起破壞，把社會上限制他們的自由和愉快的種種人爲束縛，一起除去。 他在戲園中看見樓上的高座，台前的低座，前列的正座，和包廂，都充滿了看戲的人——他們所穿的衣服大概是很好的，也間有不十分好的；他們中間沒有一人從自已所坐的地方，自由走到戲院中特別替別人保持的座位前去， 惟願占住台前低座的人，心目中沒有等級！ 惟願他們知道這些矯揉造作的界限都是討厭的，都不是眞實的。 這位預言家後來的總論是，現在的社會眞正是建於無知識之上的。 這都是因第四階級不知道這種事實，他們沒有用心細想，只要他們對於社會的知識更加完全一點，他們將毫不遲疑，羣起攻擊管理他們的人。

到了現在，工人對于社會比從前容易得到正確的知識。 在歐洲各國中，煞費苦心的藍皮書，黃皮書，以及各種顏色和樣式的官書，從政府各部中刊發出來，使無產階級的人讀了，增長見識，知道他們眞正的地位。 各心靈手敏的專門家搜羅事實，作成統計。 每年收入超過五百鎊和超過一萬鎊的人擺出革命的排場，往來自炫。 在各主要的大工業中，工人的工資是平均一樣的，貨幣的價值雖略有起色，然同時食物的價值却大大地增加了。 工廠中作工的人，打字的人等等，將他們患難的事實宣布出來，而發行書籍的人就替他們刊印他們的自傳。 調查體育上缺陷的委員，表明商業制度，將文明各國的工界身體上適當的組織，都快快迅迅摧毀了。 然在他一方面，計算同盟罷工的統計表宣布當工人互相結合，實行要達到目的時，他們憑藉武力，能得到許多利益。 職工勞働公報部都指出在一千九百十二年三月中，因同盟罷工和工業界紛爭所損失的工作日不下二千四百五十七萬九千五百日，這種計算是沒有益處的。 這好像是一種絕大的損失；一般擁護雇主的人對於此事的憤怒，好像法利賽派的教徒（Pharisees）對於破壞雪花石膏所製的膏藥箱時所發生的憤怒一樣；但是在這兩種事件中，被人加以罪名的方面所取的態度是相同的。 他們所用的手段或有不妥之處，然他們的目的是很對的，因此可以相償。

勞働界這樣的騷擾第一次所得的結果，就是社會主義的運動，自一千八百八十年以後，這種運動在英國漸次發生一種影響了。 社會主義以前雖有了好些預言家，如聖西門（Saiint Simon)，傅立葉 (Fourier)，路易柏郎 (Lious Blane)，和威特靈(Weitling)等，然後來的社會主義，眞正起源於一千八百六十年以後那幾年國際工人協會 (International Society of working men 所開的會議。 馬克思告訴歐洲工人，當公然聯合，不必祕密結社，這是我們曾經指明過的。 蒲魯東(Prondhon)忠告他們連絡一氣，造成有統治勢力的中心點。但是社會主義運動卽刻便注全力於政治一途。 拉塞爾 (Lassalle)和畢士馬克(Bismarck)有一種祕密的交通，他的心中懷着「藉國家仁愛的行動，可以拯救一般工人」的思想。 社會主義的政黨起初成立於德國，後來在別的大商業國中，次第出現，這種政黨反覆申明『階級戰爭』的敎義，竭力保持自己，不染別的黨派的汚點，此等黨派也是力爭政治上之救援的。但是到了二十世紀的初年，勞働界不安的狀態漸次顯著，而這種不安的原因，有一部分顯然是對於各社會主義政黨的行動失望而發生的。 這些政黨沒有將他們所期許工人的福利，實現出來。 他們都變成了集產派，他們大聲疾呼，要應用國家的機關，去解決社會問題，他們却忘記了，國家還是在一種不完全的民主主義化中。他們願意以民主主義的命運，委於一般『熟練家』的手中，這種人眞正可以戴上赤巾，穿着耶格(Jaeger)的衣服，但是他們沒有相當的訓練，或最好的知識可以說他們是出身於第四階級，或代表第四階級。

反對集產主義一事在法國工團主義運動中初次成爲一個焦點了。 法國工業史上騷擾的事實，已經使國中大部分有思想力的工界領袖預先存一種意見，就是，在第四階級近世運動中第一椿重要的事，是在提倡組織各種純粹無產階級的社會。 如果工人不培植並且發達一種互相結合的本能，要向熟練家帶着羔皮手套的手中取得美味的食物，藉以安慰自己，那就眞是有限。 你自己用勞力換來的利益，比較和美食一樣，從天上降下來的利益，眞是一以當百，因爲後面這種利益所從來的地方是你的恩主在那裏指揮和組織的。 此外，我們工界的領袖沒有沾染政治的惡習麼？ 法國當那個特別的時期中，一大部分有名的著作家——麥博(Mirbean)，泰列(Taine)，濁拉(Zola)，亞丹和佛郎斯——運用詞鋒銳利的句法，極力暴露國會招待室中的陰謀詭計。 如果一個工人變成一個代議士或參議員，他似乎定將失去他那一階級的利害之感覺。 他須代表選舉區的各種階級，不能代表一種受壓迫的階級。 因此人民不能組成有力的社會去反對國家專橫的勢力，凡他們所得的利益，不問種類如何，總是由上面恩准的，不是由勝利的工聯民主主義之勢力强取來的。

當這種新運動的領袖從社會主義和無政府主義的政治運動轉而培養工界團結力的時候，他們當以現存的機關，工聯，做出發點，這種機關恰於一千八百八十四年獲得一種保證自由的憲章。　他們起首須有一種經濟組織，詳細籌畫，以抵抗外界的壓迫，有了這種組織，同盟能工便成爲他每年的存在中一種平常的事變了。　在別的商業國中，也有同樣的或相似的工聯存在，所以國際主義在工團主義的運動中成爲一種主要的感情了。　但是工團主義大部分的推理是和經濟相終始的，這種事實自然引入許多特別的情狀於工團主義的傳播中，這是曾經指明的。　工聯很可以抵抗經濟上侵害，但是當你要使工聯變成一種經濟的，政治的，和教育的幸福時代之胚胎時，你還須研究好些問題，而這種問題不是純粹從經濟方面着想所能夠解決的。　到了後來，近世工團主義最重要的事件之一，就是他那一大堆沒有解決的問題。　各種工聯對於將來的工業究竟怎樣進行呢？　每個工人參預行政會，是和一般勞働家對於敎區會一樣呢還？是和古代國民對於雅典的伊克列西亞(Athenian Ekklesia)一樣呢？或是他們從自巳階級中選出代表，恰和近世一個公司中指揮一切之雇主的代表一樣呢？ 社會的利益通常有由於『不須勞力的價值增加』(unearned increment)而發生的，在新組織之中，這種利益從何而起呢？ 有好些工業——如各種必須公開的工業——對於公衆的安甯幸福，非常重要，故國民爲大家的利益起見，大概不能不有相當的參加，這椿事不當如此麼？勞働總會能夠涵蓋一切，要求代表社會中各團體和各階級的利益麼？ 近世工團主義經濟的基礎上有大多數沒有解決的問題以上這些紛然雜起的問題不過是其中幾個例子罷了。

工團主義運動中一班智識上的領袖並不覺得他們當討論這些終極的問題。 他們還是念着他們柏格森的符咒，並且嘲笑各種政治上的計畫，以爲這大概都是些無用的方法。 索列對於工人改良的敎育，自然有些富於敎訓的見解。 他以爲各工聯在這一方面有許多事件是要做的。 伯慈對於工聯的觀念非常廣泛，好像這種機關可以應阿斯諸洛戈斯契(Ostrogorsky)的需求，並且成爲自由結合的協會，驅散政治上的各種私會，把將來的政治從壓迫和奴

新青年叢書
工团主义

隸的境遇中拯救出來。 但是這些有能幹的人總不覺得再更進一步來討論此等問題，他們須回轉去，詳細考察經濟上的基礎，因爲他們上層重大的建築物原來是建在這種基礎上面的。

工團主義雖有這許多缺點和障礙，然關於他的基本說，他已經是通行了。 第四階級畢竟知道要求關於他們命運的事件， 上等階級和中等階級已經知道互相結合的勢力了。 專制的君主擁有少數訓練純熟的傭兵，所以容易撲滅叛亂之事。 當十九世紀的前半期，英國非國教徒(nonconformists)的人數在比較上是很少的，但是他們的團結力很好，所以他們在政府的行政部中能有一種極大的勢力。 第四階級應當認清他們想要有所得，他們務必在無產階級的社會中一致團結，並且須讓政府當局和各種勢力知道他們是決意要將以前橫遭禁止的各種權利，奪轉來的。 各種工業或可由國家收爲國有，但是除非國家就是勞働總會，則工人在這種政府工業中最終的狀況可以想見將和他們最初的狀況是一樣壞的。 凡國中成年的男女或可獲得投票權；但是作工的人對於保護他們自己的利益如果缺乏一種互相團結的訓練，他們中間只有一小部人出來投票，那麼，當投票那一天，就是許他們一種特權，使他們的小孩子得邀鄉村鄉紳和他　夫人的眷顧，也沒有什麼益處！

在工團主義畢竟能合於時代精神之前，他務必將他的特質和制限，去掉許多，這是毫無疑義的。　他是由一種專制和壓迫時代產生出來的；他的開始的創造者已經親自看見過帝國中的民主主義，和共和主義的官僚政治家之專制。　他的經濟上的種種前提不幸使一般崇信他的人，對於社會具一種不正確的觀念，他們以爲在社會中一切人類的行爲都起於金錢利益的動機，而社會是在一種內部戰爭的狀況中，只有用薩博特池，同盟抵制，限制出貨（ca canny），和嚴厲壓制工人中的異議等方法，才能夠使第四階級獲得最終的勝利。　索列和伯慈對於宗教，極爲尊重，這是的確的。　他們在這一方面和以前唯理派的社會主義者及無政主義者是不相同的。　他們在宗教和耶蘇教中發見一種勢力，這種勢力已經憑藉索列所稱之世界終局的神秘感動工人之心了，工團主義如藉總同盟能工的神秘定能喚起工人之雄壯的氣魄。　他們後來對於好些著作家　如列南（Renan）等以漫不經心或懷疑的方法，討論宗教的精神，便加以責備。　宗教是一種具有勢力和忍耐性的感情。　如果這些著作家能夠使工團主義具有同樣的勢力和忍耐性，那麼，索列和伯慈兩人一定是極滿意的。

此外工團主義者定須改良教育制度。 他們須使教育更切實用，使教育少用力於死守古代的遺傳，多致力於輸入一種新精神到工匠的職務中。 因工業的革命，遂使工團主義得以流行，然伯慈預先就於教育方面發見一條保證工人精神上將來的救援和應變的道路。 他以為凡應用機器最多，和使工人大都變成看守機器匠的各項工業，也已經使工人更活潑靈敏了，並且已經使工人變成工團主義者心悅誠服的門徒了。 工人所以出於此途，顯然不是因他的工作時間較前減少，和他的求學的閒暇時間較前增多。 伯慈所指的顯然是，看守機器的人因他每天工作的性質，遂使他知道他所倚賴和憑藉的東西是什麼。 大家相信這種話原是好的；然伯氏說這樣的話足以表示工團主義富於熱望。

工團主義者攻擊政客一事，無論如何適當，然他們對於政治，自然是不甚公正的。 美國的經驗極力表示工界的解放不是工界自己僅藉人數的強迫力所能夠達到目的的。 工人因工團主義的催促，向着正當的方向走，因此知道他們工界聯合的實力；但是他們務必大家一致盡促進社會生活中特別的和複雜的發達，在這種發達之中和在政治中一樣，所有一處地方的各團體和各階級均須連絡一氣，以選舉者和立法者的資格，共同促進公共的福利。　世界的工團主義者當保持他們的熱忱為他們的協會服務之時，他們忘記了初時反對政客那種憤怒之情，關於這樁事現有好些表徵。　澳洲人不能忘記他們的聯邦政府向來就是由自由黨內閣當權的這一樁事。　英國的工團主義運動屢次看見國會於開會時關心於人民的要求。　我們已經知道法國的工團主義者懷疑政治，具有充足的理由，然勞働總會（譯者按此會於一九一八年議決拋棄向來所抱的遠避各種政治團體的政策，而實行和國中社會主義運動通力合作。）的現任的祕書不承認反對政治的實言。　他反駁道，「我不是反對政治，我是不談政治。」　換一句話來說，他是要漸次走近門恩的地位；不是『不談政治』但是以工業居第一，以政治居第二。　同時却有一種傾向，就是大家忘記了工業比政治更深入於社會的下層。　你可以變更你的行政上的組織，但是除非你將人民生活中的經濟組織也一起變更，則你的變更不過是屬於一種暫時的性質罷了。　但這些事體雖完全是真的，然此外倘有一樁真的事體，就是工團主義者須將他的教義加以改正，他對於對人政治上的努力，當更予以一種同情的歡迎。　索列對於政治上的成功，或溺於一種乖僻的感想，但是爲第四階級的利益起見，無論何時，無論何地，如有『善意的男女』願意共同協作，那就不可拒絕。工團主義在這一方面和好些別的方面如果能加以改正，他一定將代替那種舊式的社會主義運動，因爲他是第四階級中一種活潑潑的運動精神。　後奴役到自由的路，在人類史上，無論何部分，通常是一條狠煩難的路，但是工人若受了新福音中各種最完善的方法之扶持，他很可以說，他是沿着向上的路走，他一定能得到最終的勝利。

克卡樸著
闞司增訂
李　季譯
蔡元培序

新青年叢書第一種

# 社會主義史

定價　布面一元　紙面八角

諸君要想知道世界各國社會主義運動的源流，不可不先讀英國克卡樸（Kirkup）社會主義史。

克氏於一八九二年著成此書，他敘述各國社會主義運動的事實，源源本本，非常詳盡，又經英人闞司（Pease）於一九一三年增訂一次，更加完備；所以美國有名的社會主義家列德萊（Laidler）說，此書是歐戰以前一部包羅最宏富的（Most Comprehensive）社會主義史。

蔡元培先生的序中且說，此書給我們的教訓很多。　全書約二十二　字，共六百五十頁。

總發行所　上海法界大自鳴鐘對面　新青年社